Lo que ves
sólo cuando estás
en paz

OCEANO ✳ *ámbar*

Haemin Sunim

Lo que ves
sólo cuando estás
en paz

CÓMO ESTAR TRANQUILO Y ALERTA
EN UN MUNDO ACELERADO

Ilustraciones de
YOUNGCHEOL LEE

Traducción de
ENRIQUE MERCADO

 **ámbar**

LO QUE VES SÓLO CUANDO ESTÁS EN PAZ
Cómo estar tranquilo y alerta en un mundo acelerado

Título original: THE THINGS YOU CAN SEE ONLY
   WHEN YOU SLOW DOWN. How to Be Calm
   and Mindful in a Fast-Paced World

© 2012, Haemin Sunim
© 2017, Chi-Young Kim y Haemin Sunim (por la traducción al inglés)

Publicado según acuerdo con Penguin Books, una división
de Penguin Random House LLC.

Traducción: Enrique Mercado

Ilustraciones de portada e interiores: Youngcheol Lee

D. R. © 2018, Editorial Océano de México, S.A. de C.V.
Eugenio Sue 55, Col. Polanco Chapultepec
C.P. 11560, Miguel Hidalgo, Ciudad de México
Tel. (55) 9178 5100 • info@oceano.com.mx

Primera edición: 2018

ISBN: 978-607-527-463-8

Impreso en México / Printed in Mexico

Índice

Prólogo

Como monje zen y exprofesor de una pequeña universidad humanística en Massachusetts, a menudo se me pide mi opinión sobre cómo lidiar con los retos de la vida. Además de dar consejos en persona y por correo electrónico, hace unos años empecé a contestar preguntas en las redes sociales por el solo gusto de tratar con la gente. Mis mensajes solían ser simples, cortos y directos. A veces escribía en respuesta a una pregunta y otras hacía breves reflexiones cuando descubría interesantes patrones de pensamiento en la práctica de la atención o en la interacción con los demás. También hablaba del valor del aliento en nuestra agitada vida moderna y del arte de mantener buenas relaciones y cultivar la compasión por nosotros mismos.

Jamás imaginé que mis tuits y mis posts en Facebook causaran una reacción tan efusiva. Muchas personas me enviaban mensajes no sólo para pedir un consejo, sino también para expresar su aprecio y gratitud. Recuerdo todavía a una joven madre que había

perdido a su esposo en un accidente automovilístico y que me mandó una sentida nota de agradecimiento por haberla salvado del suicidio, en la que decía que jamás había pensado en amarse a sí misma porque para ella el amor tenía que dirigirse siempre a otra persona. Un atareado ejecutivo de cuarenta y tantos años de edad me dijo que era maravilloso comenzar su día con mis mensajes; éstos le brindaban un momento de reflexión y reposo en medio de su apretado horario. Un joven recién graduado que no encontraba empleo leyó mis palabras de apoyo y se dio otra oportunidad, gracias a lo cual consiguió trabajo; saber esto me tuvo muy contento varios días, como si yo mismo hubiera recibido mi primer empleo.

Me hacía muy feliz que mis sencillos mensajes inspiraran a la gente y la ayudaran en momentos de dificultad. La difusión de mis textos entre cada vez más personas y el aumento de mis seguidores en Twitter y Facebook me valieron el título de "mentor de la sanación", el cual es ahora mi sobrenombre en Corea. Varias editoriales me ofrecieron entonces convertir mis escritos en un libro. *Lo que ves sólo cuando estás en paz* apareció en Corea del Sur en 2012; para sorpresa de todos, ocupó el primer lugar en la lista de best sellers durante cuarenta y una semanas y vendió más de tres millones de ejemplares en tres años. Siguieron las traducciones: al chino, japonés, tailandés, francés y ahora al inglés y al español. Me emociona el interés que este libro ha despertado y espero que ayude a los lectores en lenguas inglesa y española tanto como a los de Asia y Francia.

Este volumen consta de ocho capítulos que tratan diversos aspectos de la vida —desde el amor y la amistad hasta el trabajo y las aspiraciones—, así como la ayuda que la atención puede prestarnos en cada uno de ellos. Por ejemplo, me ocupo de cómo lidiar conscientemente con emociones negativas como la ira y los celos, lo mismo que con las decepciones de la vida, y cavo hondo en mi pasado para compartir mi fallida experiencia como nuevo profesor universitario. Si tú eres demasiado tímido, las "tres ideas liberadoras" del capítulo 6 te serán muy útiles. Si el porvenir te causa ansiedad o estás inseguro acerca de tu verdadera vocación, te daré consejos sobre cómo descubrir y aumentar la conciencia de ti mismo.

Cada capítulo se inicia con un ensayo, seguido por una serie de cortos mensajes, consejos y palabras de sabiduría dirigidas específicamente a ti, para que las examines una por una, las reconsideres y rememores a fin de que te acompañen en momentos de ansiedad o desesperación y te recuerden que no estás solo. Continúa después con un ensayo más corto, seguido por un conjunto de apuntes para meditar. Este volumen contiene también numerosas ilustraciones a color de Youngcheol Lee, concebidas como interludios relajantes en los que puedes demorarte igual que en los apuntes para meditar.

Algunas personas leen de corrido todo el libro, como si fuera una novela. Sin embargo, yo te recomendaría que te tomes tu tiempo y reflexiones sobre lo que acabas de leer antes de pasar a otro capítulo. Así disfrutarás más cada uno y descubrirás significados más profundos, porque los atravesarás lentamente. Si lo deseas, haz anotaciones en los márgenes o destaca partes que hagan eco en ti.

Espero que dedicar tiempo a este libro te dé ocasión para reflexionar y meditar en tu ajetreada vida y te inspire a enlazarte con el lado bueno y sabio de ti. Te deseo felicidad, paz y salud y que estés protegido siempre contra todo mal.

Capítulo uno

Serenidad

¿Por qué estoy tan ocupado?

Cuando todo a mi alrededor se mueve muy rápido, hago alto y me pregunto: "¿Es el mundo o mi mente lo que está demasiado agitado?"

Solemos pensar que la "mente" y el "mundo" existen con independencia entre sí. Si alguien nos preguntara dónde está nuestra mente, la mayoría de nosotros apuntaríamos a la cabeza o al corazón, no a un árbol o al cielo. Percibimos un límite claro entre lo que ocurre en nuestra mente y lo que pasa en el mundo exterior. En comparación con el vasto mundo exterior, la mente albergada por nuestro cuerpo podría parecer pequeña, vulnerable y en ocasiones incapaz. Pero de acuerdo con las enseñanzas de Buda, el límite entre la mente y el mundo en realidad es débil, poroso y, en definitiva, ilusorio. No es que el mundo sea objetivamente triste o feliz y produzca en nosotros la sensación respectiva. Más bien, nuestros sentimientos se originan en nuestra mente, la cual proyecta en el mundo su experiencia subjetiva. El mundo no es inherentemente triste o feliz; sólo es.

Quizás entendamos mejor esto por medio de una conversación que sostuve con una querida amiga mía, una responsable y meticulosa monja budista. Ella supervisó recientemente la construcción de una sala de meditación en su templo. Después de relatar la odisea de, entre otras cosas, obtener varios permisos y hallar al contratista correcto, describió el proceso de construcción de la siguiente manera:

"Cuando llegó el momento de poner las tejas del techo, yo veía tejas dondequiera que iba; reparaba en el material del que estaban hechas, su grosor y su diseño. Y más tarde, cuando fue momento de instalar el piso, lo único que podía ver eran pisos; me fijaba naturalmente en el color, origen, patrón y durabilidad de un piso de madera. Comprendí entonces: cuando miramos el mundo exterior, vemos sólo la pequeña parte que nos interesa. El mundo que vemos no es el universo entero, sino el espacio limitado que le importa a nuestra mente. No obstante, *para ella ese pequeño mundo es todo el universo*. Nuestra realidad no es el cosmos infinito sino la reducida parte en la que decidimos concentrarnos. La realidad existe porque nuestra mente existe. Sin la mente no habría universo."

Entre más reflexionaba sobre esto, más sentido tenía para mí el discernimiento de mi amiga. El mundo cobra vida porque estamos conscientes de él; no podemos vivir en una realidad de la que no estamos al tanto. El mundo depende de nuestra mente para existir y ella depende de él como objeto de nuestra conciencia. Para decirlo de otro modo, podría afirmarse que la conciencia de nuestra mente da origen a lo que nos rodea; aquello en lo que ella se concentra se convierte en nuestro mundo. Vista de esta forma, la mente no parece tan insignificante en relación con el mundo, ¿verdad?

No podemos ni queremos conocer cada cosa que ocurre en el mundo. Si lo hiciéramos, la sobrecarga de información nos volvería locos. Si vemos el mundo a través del cristal de nuestra mente, como lo hizo mi amiga, encontraremos pronto lo que buscamos, porque nuestra mente se concentrará en eso. Dado que el mundo que vemos con los ojos de la mente es limitado, si la educamos y elegimos con sensatez dónde dirigirla experimentaremos el mundo que corresponde al estado de ella.

Como monje y profesor universitario, debo encargarme de muchas cosas. Durante la semana doy clases y hago investigaciones, y el fin de semana viajo un par de horas en coche para asumir tareas en el templo de mi maestro. En las vacaciones escolares mi horario es más apretado todavía. Tengo que visitar a monjes mayores, servir como intérprete para los que no hablan inglés, ir a diferentes templos a dar charlas sobre el *dharma* y buscar tiempo para mi práctica de meditación. Además, no dejo de investigar y escribir trabajos académicos.

Para ser franco, a veces me pregunto si un monje zen debería tener un horario tan intenso. Pero luego me doy cuenta de que no es el mundo exterior el que está hecho un torbellino, sólo mi mente. *El mundo no se ha quejado nunca de estar muy atareado.* Cuando examino más a fondo por qué llevo una vida tan bulliciosa, comprendo que hasta cierto punto me gusta estar ocupado. Si de veras quisiera descansar, podría declinar las invitaciones a dar clases, pero las acepto porque me agrada conocer a personas que desean mis consejos y ayudarles con la escasa sabiduría que poseo. Ver felices a los demás es una profunda fuente de alegría en mi vida.

Según un famoso refrán budista, todo parece Buda a los ojos de Buda y todo parece cerdo a los ojos de un cerdo. Esto indica que experimentamos el mundo de acuerdo con el estado de nuestra mente. Cuando tu mente es alegre y compasiva, el mundo lo es también; cuando está llena de pensamientos negativos, el mundo también adopta un aspecto negativo. Si te sientes abrumado y presuroso recuerda que puedes hacer algo; *si aquietas tu mente, el mundo se aquietará de la misma manera.*

Conocemos el mundo a través de la ventana
de nuestra mente.
Si ella es ruidosa, el mundo también lo será.
Y si es apacible, el mundo lo será por igual.
Conocer nuestra mente es tan importante
como tratar de cambiar al mundo.

❋

Voy apretujado en el vagón del metro,
un sinfín de personas se agolpan a mi alrededor.
Puedo enfadarme o pensar que es divertido
no tener que tomarme del tubo.
Cada persona reacciona distinto
a la misma situación.
Si lo analizamos más de cerca,
vemos que no es la situación lo que nos molesta,
sino nuestra perspectiva de ella.

❋

Los tsunamis son espantosos no sólo por el agua,
también por los objetos que nos lanza.
Los tornados son horribles no sólo por el viento,
también por los objetos que arranca
y nos arroja.

Nos sentimos desdichados no únicamente
porque ha sucedido algo malo,
también por nuestros turbulentos pensamientos
acerca de lo que ocurrió.

❊

Cuando tengas un sentimiento desagradable,
no te aferres a él ni le des vueltas sin cesar.
Déjalo en paz para que pueda irse.
La marea de la emoción retrocederá por sí sola
mientras no la alimentes de tanto pensar
en ella.

❊

Para despegar comida de un sartén,
vierte agua y espera.
La comida se soltará sola un rato después.

No te obstines en curar tus heridas.
Vierte tiempo en tu corazón y espera.
Llegado el momento,
tus heridas sanarán solas.

❊

Si sabemos darnos por satisfechos,
podemos relajar nuestro afán incesante
y dar la bienvenida a la serenidad.
Si sabemos darnos por satisfechos,
podemos disfrutar del tiempo que pasamos
con la persona junto a nosotros.
Si sabemos darnos por satisfechos,
podemos hacer las paces con nuestro pasado
y soltar nuestro equipaje.

❖

Si no has logrado cambiar una mala situación
aun después de muchos intentos,
cambia tu manera de verla.
Nada es intrínsecamente bueno o malo.
Lo bueno o malo es siempre relativo.
Compara tu situación con una peor
y la tuya no te parecerá tan mala.

❖

Cuando estés estresado,
toma conciencia de tu estrés.
Cuando estés enojado,
toma conciencia de tu enojo.
Cuando estés molesto,
toma conciencia de tu molestia.

Tan pronto como estés consciente
de esas sensaciones
dejarás de perderte en ellas.
Tu conciencia te permitirá verlas
desde afuera.
La conciencia es inherentemente pura,
como el cielo abierto.
El estrés, la irritación y la molestia pueden nublar
temporalmente el cielo,
pero no pueden contaminarlo.
Las emociones negativas van y vienen como nubes,
el vasto cielo permanece.

❧

Al igual que las toxinas que llenan despacio
nuestro cuerpo,
si la cólera, la desesperación o el pesar
se acumulan
en nuestro corazón,
tenemos que hacer algo.
Haz ejercicio, habla con tu mentor,
medita en la bondad amorosa.
En cuanto hagamos un esfuerzo,
las toxinas empezarán a perder su vigor.

❧

¿Los recuerdos te hacen sufrir?
Practica estar en el presente.
Dirige tu atención al aquí y ahora.
Verás que tus pensamientos se calman cuando
te concentras en el presente.
Mientras lo hacen, lo mismo pasará
con tus recuerdos,
porque los recuerdos son, en esencia,
pensamientos.

❧

Si al salir de trabajar
te sorprendes preguntándote:
"¿Tendré que vivir siempre así?",
prueba esto:
despiértate un poco más temprano
a la mañana siguiente
y siéntate en silencio como si meditaras.
Respira hondo y despacio
y pregúntate en qué beneficia tu trabajo
a los demás,
así sea en forma indirecta o poco significativa.
Al concentrarte en ellos
redescubrirás el sentido
y propósito de tu empleo.

❧

Un dilema muy moderno:
hay incontables canales de televisión
pero nada interesante que ver.
Demasiadas opciones hacen infeliz a la gente.

※

¿Te sientes confundido o angustiado?
Duerme bien esta noche.
Mañana al despertar, el problema
tendrá una apariencia más ligera.
Esto da resultado, de veras.

※

Si quieres dormir mejor,
pon la cabeza en la almohada
y piensa en las personas a las que
les estás agradecido
o las veces en que ayudaste a otros
y te sentiste bien
contigo mismo.
Esto avivará tu corazón y te procurará
un sueño más profundo.

※

Con amor en nuestro corazón
aun lo más trivial nos resulta bello y sagrado.
Con amor en nuestro corazón
somos más amables y corteses incluso
con perfectos desconocidos.

❧

Sin amor en nuestro corazón
el mundo nos resulta absurdo y arbitrario.
Sin amor en nuestro corazón
nos volvemos extraños incluso para nuestros
familiares y amigos.

❧

Cuando nos abrimos a los demás
nos atrevemos a ser vulnerables y sinceros.
Cuando somos benévolos con los demás,
intentamos estar contentos y unidos.

Cierra los ojos, respira hondo y di:
"¡Que mis amigos y conocidos reciban
amor y protección!"
Con estas palabras, tú también te sentirás
amado y protegido.

❧

Cuando estamos satisfechos con nosotros mismos
y nos aceptamos por completo,
somos accesibles para los demás
y ellos nos aprecian tal como somos.

❈

Ojalá pudieras ver mi verdadera naturaleza.
Más allá de mi cuerpo y mis etiquetas
hay un río de vulnerabilidad e indefensión.
Más allá de los estereotipos y las suposiciones
hay un valle de transparencia y autenticidad.
Más allá de la memoria y el ego
hay un mar de conciencia y compasión.

❈

El sabio no se opone al mundo.
En forma divertida y relajada,
acepta la verdad de que es uno con él.

❈

Cuando la vida te juegue un revés, haz una pausa

Si tu confianza es defraudada, tus esperanzas no se cumplen o un ser querido te abandona, antes que nada tranquilízate y haz una pausa. Si te es posible, rodéate de buenos amigos, y come y bebe con ellos mientras dejas salir poco a poco tus contenidas historias de traición, desilusión y dolor.

Ve al cine, solo o con tu mejor amigo. Elige la película más simple, aunque normalmente no veas comedias; ríe hasta que te duela y derrama algunas lágrimas como si nadie te viera, como un adolescente libre de preocupaciones.

Busca una canción que le hable a tu corazón. Ponla una y otra vez y cántala tú mismo, como si lo hicieras en nombre de todas las almas que sufren.

Si nada de eso te sirve, haz un viaje durante tus vacaciones. Ve adonde has querido siempre: el Gran Cañón, el Camino de Santiago, Machu Picchu.

Hazlo totalmente solo, nada más el camino y tú.

Después de pasar tiempo en soledad, ve a tu propio lugar sagrado, cierra los ojos y despeja tu mente.

A pesar de que no seas muy espiritual, invoca el corazón de la compasión y siente el abrazo de la aceptación.

Abatido y destrozado, sé que una vez fuiste yo y yo fui tú.

Así que hoy pediré por ti.

Ámate a ti mismo pese a tus imperfecciones.
¿No sientes compasión por ti
mientras avanzas penosamente por la vida?
Ardes en deseos de ayudar a tus amigos,
pero te tratas muy mal a ti mismo.
Acaricia de vez en cuando tu corazón
y murmura en tu oído:
"Te amo".

❃

Escribe en una hoja todo lo que te estresa.
Enlista todo lo que podrías hacer,
aun cosas menores:
regar plantas, contestar correos electrónicos.
Tu estrés está contenido ahora en una hoja,
lejos de tu mente,
así que esta noche relájate.
Hazte saber que cumplirás la lista mañana,
punto por punto, comenzando por el más fácil.

Cuando abras los ojos a la mañana siguiente,
tu mente y tu cuerpo estarán listos.
Te lo aseguro.

❃

No te rindas a la crítica.
Aprende a hacer caso omiso de la gente
que no te conoce.
Tener críticos significa que lo que haces
llama la atención de los demás.
Ten valor y sigue tu camino.

❊

La vida nos enseña por medio
de nuestros errores.
Cuando cometas un error,
pregúntate qué debes aprender de él.
Si aceptamos esas lecciones
con humildad y gratitud,
crecemos mucho más.

❊

Para ser felices, no es necesario
que nos esforcemos por cambiar.
Relájate en el presente y busca
gracia en tu vida.
Con buen humor, la vida es más ligera y pausada.
Y la risa siempre hace que la gente experimente
sinceridad y alegría.

❊

El buen humor abre los corazones cerrados.
El buen humor nos libra de nuestros pensamientos.
Cuando sonreímos, sentimos que podemos
aceptar cosas
que antes no podíamos.
Sentimos que podemos perdonar a quienes
nos ofendieron.
El buen humor es una parte esencial de la vida.

※

Cuando estamos contentos,
nuestro corazón se abre a cosas nuevas.
Cuando estamos de malas,
no podemos abrirnos a cosas nuevas,
por maravillosas que sean.
Sin regocijo en nuestro corazón,
nuestro progreso en la vida es lento
y falto de interés.

※

Quienes trabajan alegre y relajadamente
tienden a hacerlo con creatividad y eficiencia.
Quienes trabajan sin parar, impulsados sólo
por el estrés, lo hacen sin divertirse.

※

Para hacer por mucho tiempo tu trabajo
no lo veas nada más como trabajo;
velo como una fuente de gozo y crecimiento.
El camino a la felicidad no se reduce a encontrar
un buen empleo;
también consiste en aprender a disfrutar
lo que se te pide hacer.

❀

¿Estás nervioso o deprimido?
Mira un minuto la cara de un niño dormido.
Pronto sentirás oleadas de paz.

❀

Una familia sigue un camino entre hojas secas.
Papá carga a su hijo de cinco años
y el chico lo colma de besos.
Mamá los mira con una sonrisa.
Si nos damos tiempo de ver a nuestro alrededor
nos descubriremos rodeados de momentos
preciosos.

❀

¿Te gustaría hacer feliz a tu hijo?
Sal de trabajar hoy un poco más temprano.
Espéralo frente a la escuela.
Diviértanse juntos en el parque.
Permite que él decida dónde cenar
y cólmalo de amorosas atenciones.
De vuelta a casa, pasen por helado para
la familia.

Tu hijo recordará este día para siempre.

❖

Antes de que tus hijos crezcan,
viajen lo más posible como familia.
Aunque vemos a nuestros familiares a diario,
en realidad no convivimos con ellos.
Un cambio de aires puede hacer maravillas
y acercar a una familia.
Un buen viaje puede impedir un divorcio.

❖

Lo que vuelve hermosa la música
es la distancia entre una nota y otra.
Lo que vuelve elocuente un discurso
es la pausa apropiada entre sus palabras.
De vez en cuando deberíamos tomar aire
y percibir el silencio entre los sonidos.

❊

Cuando tengas que tomar una decisión importante,
no pases la noche en vela por ella.
Toma la medicina especial llamada "tiempo"
y espera;
tu subconsciente buscará la solución.
Dos o tres días después,
la respuesta se te presentará sola
cuando despiertes, mientras te bañas
o al conversar con un amigo.

Ten fe en tu subconsciente
y date tiempo.

❊

Si algo marcha mal,
tendemos a culparnos a nosotros mismos.
¿Pero en realidad es culpa nuestra?
Por ejemplo, si yo fuera James Taylor
y alguien busca a Pavarotti,
yo no sería el elegido.
Esto no significa que carezca
de talento musical,
sólo que no soy la opción indicada.
Así pues, sé más seguro
y deja de humillarte.

❊

Aun si sólo cenas un tazón de cereal,
cómelo con la positiva actitud de nutrirte.
¿No es agotador que debas cuidar
constantemente de tu cuerpo?
Date una palmada en la espalda
por el arduo trabajo que haces
y luego vete a acostar una hora antes
como un regalo para tu cuerpo.

❊

¿Traes en la mente algo que no te deja en paz?
Sal a dar un paseo al sol.
Bajo el calor de sus rayos,
tu cerebro liberará serotonina,
la cual calma a la mente.
Si permites que ésta se demore en la pregunta
sin obstinarte en encontrar la solución,
la respuesta emergerá por sí sola.

Si esperas que los demás te consuelen,
esa condición podría agobiarte.
Si tienes la constante necesidad de ser oído,
nadie la resolverá
a tu entera satisfacción.
En lugar de buscar siempre el consuelo
de los demás,
ofréceles el tuyo y escúchalos.
En el proceso de ayudar
serás curado.

En vez de un billete de lotería,
compra un ramo de flores para ti y tu familia.
Si compras flores y las pones en la sala,
te sentirás bien en todo momento
y encontrarás abundante belleza
cada vez que pases por ese lugar.

*

¿Has sufrido una desilusión?
¿Algo te ha entristecido?
Es la escuela de la vida que trata
de darte una importante lección.
Cuando estés listo, tómate tiempo
para comprenderla.

*

El mundo no dejará de girar sin ti.
Desecha la idea de que tu camino
es el único posible
y tú el único capaz de hacerlo fructificar.

*

Cuanto más agradecidos nos sentimos,
más felices somos.
Esto se debe a que la gratitud nos permite
darnos cuenta de que
todos somos uno.
Nadie se siente solo cuando es agradecido.
La gratitud nos revela la verdad de nuestra
naturaleza interdependiente.

❊

Si es cierto que aprecias a los demás
y quieres ayudarles a tener éxito,
no tendrás que buscar la manera
de mejorar tu estado de ánimo.
Un acto bondadoso y desinteresado
elevará tu espíritu
y tu autoestima.
Si tienes un mal día,
intenta socorrer a alguien.
Incluso un pequeño gesto de ayuda
te hará sentir mejor.

❊

Capítulo dos

Atención

Alíate con tus emociones

Desde que me sumé a Twitter y Facebook, la gente me ha enviado mensajes en los que me pide consejos. La pregunta que me hace más a menudo es cómo lidiar con emociones negativas como el enojo, el odio y los celos.

Lo bueno es que quienes preguntan eso ya han avanzado medio camino hacia la solución. Que lo pregunten indica que están tan atentos que notan el negativo estado de su mente, lo cual no es fácil. La mayoría está tan absorta en sus emociones que tiene una limitada conciencia de sí. Las personas que me han hecho esa pregunta se percataban de lo que sucedía en su mente mientras eran arrastradas por un torbellino de emociones negativas, se serenaban y después me enviaban un mensaje. Cuando la gente percibe el avance de una emoción negativa, su primer impulso es controlarla para no sentirse abrumada o amenazada por ella. Le gustaría librarse de ella al instante o rehuirle; rara vez piensa que merece una consideración más profunda. Quizás a esto se debe que la gente use expresiones como "controlar la ira" o "vencer el odio" en lugar de "aliarte con tus emociones".

Una emoción negativa es difícil de controlar; entre más tratamos de controlarla, más se agita y vuelve a la superficie. Aun si la controlamos, podríamos terminar por reprimirla, sólo para que reaparezca más tarde. Imagina que una emoción negativa es como lodo en una pecera. Para asentarlo en el fondo a fin de que puedas ver bien los peces, lo último que harías sería meter las manos en el agua turbia y remover el lodo. Cuanto más trates de hacerlo, más lo revolverás. De igual manera, en un intento por controlar una emoción negativa, podrías agitarla. Por desgracia, entre más lo intentes, más volverá a la superficie.

¿Qué debemos hacer entonces? ¿Cómo podemos comprender mejor nuestras emociones negativas y tratar de resolverlas en lugar de reprimirlas? La respuesta es muy sencilla; todo lo que tenemos que hacer es distinguir entre la energía bruta de las emociones negativas y sus etiquetas, como "enojo" y "odio", y ver tranquilamente cómo esa energía se transforma en otra cosa. Lo importante aquí es no apegarse a palabras como "enojo", "odio" y "celos" y advertir en cambio la energía pura detrás de las etiquetas. Aun sutilmente, esa energía no cesa de cambiar, mientras que la etiqueta permanece estática. Si

quitas la etiqueta y te mantienes en contacto con la energía pura, comprobarás pronto que la emoción negativa es temporal y cambia sin que tú tengas que empeñarte en eso. Por tanto, así como un espejo refleja lo que está frente a él sin juzgar ni identificarse con la imagen, tú debes reflejar la emoción negativa —digamos que es enojo— y observarla desapasionadamente. Verás que el enojo cambia de forma poco a poco, sea que revele una capa más profunda de emoción o que desaparezca solo. Si revela otra capa de emoción, ocúpate de ella como lo hiciste con tu enojo.

Cuando quieres comprender algo, lo más efectivo suele ser dejar de lado tus nociones preconcebidas y observarlo en silencio para que el objeto de tu examen revele lo que debe ser comprendido. En lugar de sumergirte en el agua turbia de tu emoción como una forma de dominarla, obsérvala desde afuera y permite que se asiente y transforme sola. Como dijo el maestro espiritual Jiddu Krishnamurti, la atención pura sin juicio es no sólo la más alta forma de la inteligencia humana, sino también la expresión del amor. Observa atenta y amorosamente esa variable energía mientras se despliega en el espacio de tu mente.

Imagino que alguien se pregunta: "¿Qué tiene de bueno observar? ¿Acaso eso no es evitar la realidad?". La respuesta es que es justo lo contrario: no evitas la realidad, la miras de frente. En lugar de caer en la trampa de emoción sin conciencia de ti, indagas qué hay en ella y después lo sientes. A medida que mejores en esto, te percatarás de que la emoción negativa no es una realidad fija. Emerge y desaparece naturalmente en el espacio de tu conciencia, sin la intervención de tu voluntad. Una vez que descubras esa verdad, no te dejarás llevar por tus emociones negativas y podrás considerarlas una nube pasajera en vez de identificarte con ellas como una parte definitoria de tu personalidad. No te opongas a tus emociones negativas. Obsérvalas y alíate con ellas.

Si buscas venganza porque alguien hirió
tus sentimientos,
lo único que puedes ver es tu sufrimiento.
Pero si te serenas y lo examinas más a fondo,
verás que quien te lastimó
también sufre.

˚✦˚

En las habitaciones de nuestro corazón
tenemos dos inquilinos que viven codo a codo:
Adolf Hitler y la Madre Teresa.
Cuando nos vencen la inseguridad y el temor,
sentimos la influencia interna de Hitler.
Cuando estamos en contacto con el amor
y la unidad,
oímos la dulce voz de la Madre Teresa.

˚✦˚

Perdemos interés en las películas
o series de televisión
en las que los buenos siempre son buenos
y los malos siempre son malos.
Esto no concuerda con la realidad.
Ninguna persona es siempre buena o mala.

˚✦˚

"No existe la persona
que haya sido, sea o será
sólo criticada
o elogiada".
—*El Dhammapada**

❊

Un purista moral presto a juzgar a otros
no ve a menudo sus propios defectos.

❊

Cuando alguien critica a otra persona
podrías pensar que se lo merece.
Pero si lo analizas mejor,
verás que el crítico se queja porque
no se salió con la suya.
No te dejes engañar tan fácilmente.

❊

* Gil Fronsdal, trad., *The Dhammapada: A New Translation of the
Buddhist Classic with Annotations*, Boulder, Shambhala, 2011.

Cuando agredes a alguien
es con frecuencia porque tienes miedo.

❧

Un amigo habla mal de alguien que no te agrada
y estás totalmente de acuerdo.
Pero entonces te preguntas sin remedio:
"Cuando no estoy presente,
¿habla mal de mí también?"
La crítica puede ser catártica
en el momento,
pero se dispersa y puede afectarte a ti también.

❧

La razón de que me consideres puro y compasivo
es que tú eres puro y compasivo.

❧

Cuando alguien que no conoces bien te admira,
ve proyectada su ilusión, no tu verdadero yo.
En contraste, cuando alguien que conoces bien
te respeta, es probable que lo merezcas.

❧

Alguien pregunta si tragarse el orgullo
es darse por vencido.
No lo creo. La humildad es un signo
de fortaleza interior y sabiduría.
Cuando nos tragamos nuestro orgullo,
la comunicación verdadera
se vuelve posible.
Podemos oírnos unos a otros y al final
resolver nuestros problemas.

Si alguien te dice "No",
no te alteres ni pierdas el control.
Un "No" puede abrir un mundo nuevo para ti.
Un "No" puede conducirte a una buena persona
en forma inesperada.
Si te opones al inmutable "No"
sufrirás y perderás
otras oportunidades.

Tu jefe te pide que hagas una diligencia que tiene
poco que ver con tu trabajo.
En lugar de enfadarte, hazla y olvídala.
No conviertas algo trivial en una gran
fuente de angustia
por perder tiempo y energía en pensar
interminablemente en eso.

✺

Si tuviera que resumir en pocas palabras
la vida de la mayoría de la gente,
sería *una continua resistencia a lo que es.*
Cuando nos resistimos, estamos en constante
movimiento
por tratar de corregir las cosas,
pero permanecemos insatisfechos con lo que es.

Si tuviera que resumir en pocas palabras
la vida de una persona iluminada,
sería *la total aceptación de lo que es.*
Cuando aceptamos lo que es,
nuestra mente se relaja y tranquiliza
mientras el mundo cambia rápidamente
a nuestro alrededor.

✺

No intentes controlar a quienes te rodean.
Cuando ni siquiera puedes controlar
tu propia mente,
¿qué te hace pensar que puedes
controlar a otros?

※

Cosas que me gustaban de joven, pero que ahora
me interesan menos:
viajar en avión, comer un buffet, las películas de terror,
pasar la noche en vela.
Cosas que disfruto ahora que soy mayor:
Mozart, el arroz integral, la meditación, pasar tiempo solo,
el ejercicio regular.
Cambiamos sin darnos cuenta de ello.
Justo ahora estamos en medio del cambio.

※

No lamentes que el mundo se transforme.
No resientas que la gente haya cambiado.
Evaluar el presente a través del recuerdo
puede causar tristeza.
Lo quieras o no, el cambio es inevitable.
Acéptalo de buena gana.

※

Sea un objeto, pensamiento o sentimiento,
si ha surgido de la nada
pronto cambiará de forma
y al final volverá al vacío.
Los buscadores de la Verdad eterna
deben ver más allá de la naturaleza temporal
de ésta y tomar conciencia de aquella
que *trasciende* la temporalidad.

❀

El monje más venerado por otros
no es el que parece más virtuoso,
predica mejor,
se encarga del templo más grande,
predice con más tino el futuro,
posee la facultad de sanar a los enfermos.

Es el que enseña con el ejemplo.
Carece de toda presunción
y es el primero en sacrificarse
por la comunidad.

❀

La espiritualidad debe practicarse
no nada más en soledad,
sino también entre la gente.
Ábrete a las personas que te rodean
y siéntete unido a ellas.
Éste es el verdadero reto
de la práctica espiritual.

❖

Si eres sincero en tu deseo de alcanzar
la iluminación,
puedes aprender hasta de un niño
o de la persona que te insulta en la calle.
El mundo entero se convierte en tu maestro.

❖

Quien te conduce al despertar espiritual
no es quien te elogia o es amable contigo.
Tu espiritualidad aumenta gracias a quienes
te insultan y te hacen pasar un mal momento.
Ellos son tus maestros espirituales encubiertos.

❖

¿Cómo puedes saber si alguien
es un iluminado de verdad?
Cólmalo de elogios y críticas.
Si unos u otras lo afectan
es que ha olvidado su naturaleza iluminada.

※

Nuestras emociones son tan caprichosas
como el clima de Londres.
Cuando alguien nos critica, nos sentimos
furiosos y ofendidos.
Si un minuto después alguien nos elogia,
nos enorgullecemos y ufanamos.
Si no percibimos la quietud bajo la superficie
de nuestras inestables emociones,
seremos rehenes de sus caprichos.

Alguien avanzado en la práctica espiritual
tiene esta actitud:
en una comunidad grande,
vive como si estuviera solo
y se ocupa de sus asuntos sin meterse en los ajenos;
cuando está solo, actúa como si estuviera
en una comunidad grande
y mantiene su disciplina sin caer en la pereza.

※

Un gran maestro espiritual espera
a que sus discípulos maduren.
No siente necesidad de presumir ni probar
su iluminación;
tampoco impone sus enseñanzas ni pide
que se le siga exclusivamente a él.
Deja en paz a sus discípulos
para que puedan crecer solos.

❋

Cuando una conversación sincera y profunda
nos hace sentir cerca de alguien,
nos alegramos.
Una vinculación igual de profunda
con nosotros mismos es posible
si nos aceptamos tal como somos
y advertimos nuestra naturaleza iluminada.
Ésta es también una fuente incomparable
de felicidad y libertad.

❋

Cuando estés deprimido

"Haemin Sunim, estoy deprimido. ¿Qué puedo hacer?"

Observa en silencio tu sensación, sin tratar de cambiarla; cambiará sola.

Como cuando contemplas un árbol en el jardín, como cuando te sientas junto a un río a ver cómo corre el agua, observa en silencio tus sentimientos como si te fueran ajenos. Si los miras de esta forma durante sólo tres minutos, notarás que su energía y textura cambian lentamente.

Tus sentimientos suelen surgir de una matriz de condiciones fuera de tu control. Así como no puedes controlar el clima o el ánimo de tu jefe, tampoco puedes controlar las sensaciones de tu cuerpo. Son pasajeras, como las nubes en el cielo; ellas también se disipan solas.

Si las tomas demasiado en serio y las asumes como parte de tu identidad, las reavivarás cada vez que pienses en el pasado. Recuerda que no eres ni tus sentimientos ni lo que tu mente te cuenta sobre ti para darte sentido; eres el vasto silencio que sabe que tus emociones surgen y desaparecen.

Cuando la mente ve hacia fuera,
los vientos fuertes del mundo la confunden.
Cuando ve hacia dentro,
hallamos nuestro centro y reposamos
en la quietud.

⁂

La gente pregunta:
"¿Cómo puedo serenar
mi mente cuando medito?
Entre más lo intento,
más pensamientos emergen".
Esto es completamente natural,
porque tratar de despejar
tu mente es también un pensamiento.

No pretendas librarte de tus pensamientos;
no lo conseguirás.
En cambio, ve surgir uno de ellos
y luego velo desaparecer.
En el momento en que tomes conciencia
de esto tu mente se aquietará
y despejará.

⁂

Nos gusta hablar de cosas ajenas a nosotros
porque la mente está acostumbrada
a fluir hacia el mundo.
Quienes meditan invierten
el flujo y miran hacia dentro.
Dejan de hablar de asuntos externos
y aprenden a intimar
con su mente.

※

De todas las palabras que salen
a diario de nuestra boca,
¿cuántas son nuestras de verdad
y cuántas tomamos prestadas
de los demás?
¿Qué tan a menudo decimos
algo original?
¿Nuestras propias palabras
existen siquiera?

※

En cada uno de nosotros hay un testigo
que observa calladamente lo que ocurre
dentro y fuera de nuestro ser.
Surgido de un lugar de silencio y sabiduría,
aunque el mundo desate una tormenta
de emociones,
ese testigo se asienta con calma
en el ojo del huracán,
ileso y luminoso porque todo lo sabe.

❁

Si deseas disipar las nubes
de tus pensamientos,
fija tu mente en el presente.
Las nubes de los pensamientos se posan
sólo en el pasado o el futuro.
Trae tu mente al presente
y éstas se aplacarán.

❁

En lugar de repetir:
"¡Es horrible! ¡Es horrible!",
mira de frente el sentimiento horrible.

Sin hacer ruido.

Examina ese sentimiento.
¿Adviertes su naturaleza temporal?
Deja que se vaya cuando quiera.

❊

Todo en este universo es efímero.
Y porque es efímero, es precioso también.
Pasa este momento precioso sabia y bellamente.

❊

La mente no puede tener dos pensamientos
a la vez.
Ve si puedes tener dos pensamientos justo
al mismo tiempo.
¿Y bien? ¿Es posible?

❊

El enojo puede consumirnos durante
mucho tiempo sin que nos percatemos
de que estamos enojados.
De igual forma, es fácil que nos perdamos
en nuestros pensamientos
sin saber que pensamos.

Aun despiertos
somos como sonámbulos;
hacemos cosas sin darnos cuenta.
Que abramos los ojos no quiere decir
que estemos despiertos.

⁂

Estar despierto significa que
sabes lo que sucede en el
campo de tu conciencia.
En vez de seguir ciegamente
tus pensamientos
y sentimientos,
permanece despierto y nota el estado
de tu mente, antes de que sea
demasiado tarde.

⁂

Cuando comemos, a menudo no nos fijamos
en lo mucho que ingerimos
hasta que nos ponemos de pie.
La práctica espiritual consiste en estar
atento a cada momento.
Si estás consciente del momento
en que tu estómago comienza a llenarse,
eres espiritualmente avanzado.

❊

Es común que nuestra conciencia no sepa
lo que nuestro subconsciente quiere.
Solemos querer algo, pero cuando lo obtenemos
notamos que queríamos otra cosa.
Cuando desees oír la voz de tu subconsciente
prueba la meditación.
La meditación abre un camino secreto
a tu subconsciente.

❊

Nuestra conciencia puede desear dinero,
poder y prestigio, pero el subconsciente desea
amor desinteresado, armonía, buen humor, belleza,
virtud, paz y aceptación.

❊

Si escuchamos el silencio,
podemos oír sutiles vibraciones.
Mientras escuchas esas vibraciones
hazte una simple pregunta:

¿Qué es lo que escucha?

No hay oyente,
sólo hay escucha.

"Cuando veo agua, me vuelvo agua.
Cuando veo una flor, me vuelvo flor.
Una flor que flota en el agua, ¡vaya!"
—Maestro Zen Seo-ong (1912-2003)

Si nuestro cuerpo es sano y capaz,
nos sentimos casi tan ligeros
como el aire.
Pero no porque nos sintamos ligeros
nuestro cuerpo no está ahí.
Tenemos que empeñarnos mucho
para que nuestra buena salud parezca
natural y espontánea.
Pero que parezca espontánea
no significa que no hayamos hecho
ningún esfuerzo.

Lo que llamamos "espíritu"
o "naturaleza iluminada"
es como el aire,
tan ligero y natural que no reparamos
en él a menos que nos lo propongamos.

※

Hace mucho tiempo
había nada más una mente
que se aburrió de estar sola
y decidió dividirse en dos.
Pero como las dos sabían
que originalmente
habían sido una,
no les divertía jugar juntas,
como cuando uno juega los dos lados
de una partida de ajedrez.
Acordaron olvidar entonces
de dónde venían,
fingieron no conocerse entre sí.
Cuando pasó el tiempo, se les olvidó
también ese acuerdo.
Olvidaron que eran una y la misma.

Ésa es la condición de nuestra existencia.
Olvidamos que procedemos
de una sola mente.

Cuando un iluminado trasciende
la dualidad de tú y yo
ve la vida como un largo drama
y por eso conserva su buen humor y su alegría.
Aunque representa su papel,
jamás olvida que actúa.

❖

La vida es como el teatro: se te asigna un papel.
Si tu papel no te gusta,
ten en mente que puedes recrear
el que tú desees.

❖

Capítulo tres

Pasión

Modera tu entusiasmo

Pese a que aún me sentía un estudiante, antes de que me diera cuenta ya había terminado mi doctorado y era profesor universitario en una pequeña ciudad de Massachusetts. Todavía recuerdo vívidamente que mi corazón latía con fuerza de sólo pensar que conocería a mis alumnos.

Estaba lleno de ansiosa expectación, como un adolescente antes de una cita a ciegas. Intentaba recordar a mis muchos buenos maestros y esperaba apropiarme de parte de su habilidad y presencia auténtica.

Uno de los dos cursos que impartí en ese primer semestre era el que más me había interesado de estudiante: introducción a la meditación budista. No quería que fuera meramente teórico: deseaba darles a mis alumnos la oportunidad de experimentar la meditación; esperaba que después, aun ya titulados, recurrieran a ella cuando enfrentaran dificultades en su vida. Pensaba entonces que el mejor regalo que podía hacerles era que fuesen capaces de observar objetivamente su mente sin abstraerse en sus inestables pensamientos y emociones.

Recuerdo mi primera clase como si fuera ayer. Antes de entrar al salón me preocupaba qué diría y cómo, pero al final hablé apasionadamente de la increíble rareza de lo que en el budismo se conoce como "afinidad kármica". Les dije a mis alumnos que, de acuerdo con las enseñanzas budistas, nuestro encuentro ese día ahí no era producto del azar, sino resultado del hecho de que nos habíamos encontrado ya en incontables vidas. Añadí que, como nuestro tiempo en común era una ocurrencia tan rara y preciosa, debíamos aspirar a un semestre productivo. Dado que muchos de ellos eran estudiantes de primer año, fueron muy sinceros y tenían grandes expectativas de la universidad. El grupo no podía ser mayor de veinticinco miembros, así que no me fue difícil aprenderme los nombres de todos y sostener breves conversaciones con cada uno. Me enteré de esta forma de la razón de que tomaran ese curso y de lo que esperaban aprender en él. Todos me agradaron y me prometí dedicar mi tiempo y energía a su educación.

Mi entusiasmo se volvió más evidente aún en la primera etapa del curso. Les dejaba a mis alumnos un poco más de tarea que los demás profesores, empeñado en enseñarles lo más posible. Cuando recibía sus tareas, los calificaba lo más cuidadosa y

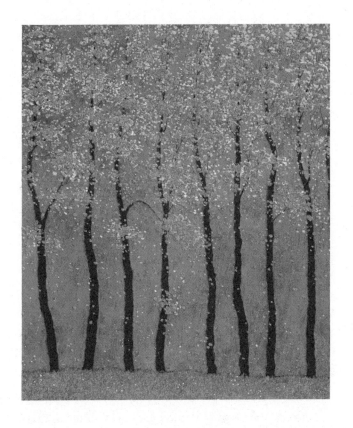

rápidamente que podía. Les pedía asimismo que practicaran todos los días la meditación y llevaran un diario de sus experiencias. Mientras que los demás profesores celebraban una cena con sus alumnos al final del semestre, yo sostuve con los míos varias reuniones, entre ellas un picnic en un monasterio budista. Una vez les pedí que me acompañaran a un templo para escuchar la charla que daría ahí un destacado maestro estadunidense de meditación vipassana.

A medida que avanzaba el semestre, me di cuenta de que mi entusiasmo causaba algunos problemas. Había creído que, si hacía mi mayor esfuerzo por enseñar, mis alumnos seguirían mi ejemplo. La mayoría agradecía tener una amplia variedad de experiencias, pero algunos mostraban cansancio y falta de interés; no hacían sus tareas ni terminaban sus lecturas. Varios dijeron francamente que como las visitas al monasterio y el templo no formaban parte del curso, no debían haber asistido. Todo esto me hizo sentir defraudado e incluso herido. Era inevitable; había hecho mi mejor esfuerzo y ellos rechazaban lo que les ofrecía.

Examiné ese sentimiento de desilusión. Cuando vi las cosas con más claridad me di cuenta de que me había conducido con torpeza. Ese curso era sólo uno de los cuatro que mis alumnos tomaban; para mí era tan importante como las demás materias eran igualmente importantes para ellos. Resultaba lógico entonces que no pudieran invertir todo su tiempo en mi curso, pero yo no había visto eso claramente, absorto en mi deseo de enseñar.

Por eficaz que sea una medicina, si exiges que alguien la tome le sabrá a veneno. Mi estilo de enseñanza se había vuelto dañino para algunos estudiantes. Una vez que comprendí esto, modifiqué mi curso a medio semestre en busca de un equilibrio apropiado entre mi pasión por enseñar y la capacidad de aprendizaje de mis alumnos. Para mi asombro, ellos notaron la diferencia casi de inmediato y reaccionaron positivamente. Dejé de agobiarlos con mi excesiva diligencia y ellos redescubrieron, a su modo, su interés en el curso. Tan pronto como esto sucedió, comprendí algo que debía haber sabido de antemano.

Cuando iniciamos un trabajo, sobre todo si lo hemos anhelado desde tiempo atrás, es fácil que nos entusiasmemos demasiado, porque estamos ansiosos de demostrar nuestra valía. Pero en medio de nuestra emoción cometemos el error de confundir entusiasmo con eficacia. Hacer bien un trabajo es más importante que sentir que lo hacemos bien; se necesita sabiduría para discernir que esas dos cosas no siempre están relacionadas entre sí. En algunos casos nuestro esmero puede sabotear la obtención del resultado deseado, en especial si no vemos las necesidades de aquellos con quienes lo perseguimos.

Sólo si sabemos controlar nuestra desbordada pasión, podemos trabajar armoniosa y eficazmente con los demás. Sólo entonces podemos compartir nuestro entusiasmo con efectividad.

El tañido de una campana no se oirá lejos
si no se le toca fuerte.
Tu influencia no llegará lejos sin el sacrificio
del trabajo intenso.
El mundo nota tus esfuerzos más rápido
de lo que crees.

❖

Aunque es importante que te esmeres,
no te embeleses con la sensación de hacerlo.
Si te embriagas con ella, te interesará
menos el trabajo
que dar la impresión de que te esfuerzas.

❖

Las personas más peligrosas
son las que tienen pasión pero carecen
de sabiduría.

❖

Si quieres pronosticar cómo actuará un político
después de que gane una elección,
examina cómo vive en el presente
y cómo se ha comportado en el pasado.
Una persona no vive como dice,
sino como ha vivido siempre.

A lo largo de la historia
no han sido los adultos
quienes han producido el cambio social,
sino los jóvenes apasionados.
Su corazón es sensible a la necesidad
de los oprimidos.
Su espíritu se alza contra la injusticia
y lucha por los que no tienen voz.
Conserva toda la vida
ese espíritu y corazón joven.

Todos somos amables con quienes
acabamos de conocer;
la cuestión es cuánto dura
esa amabilidad.
No te engañes sólo porque
alguien es amable
contigo la primera vez.

❊

Al contratar a alguien,
mira más allá de las habilidades
y la experiencia
para ver si el candidato sabe disfrutar
de su trabajo.
Quienes disfrutan de su trabajo
son más exitosos que los que no.

❊

Hagamos lo que hagamos,
nuestra labor ha de ser impecable.
Si pensamos: "Haré esto así, por ahora,
y lo corregiré después",
es probable que tal cosa nunca suceda,
porque más tarde no nos sentiremos
motivados a enmendarlo o nos acostumbraremos
a la forma en que quedó.

Es como mudarse de casa y decidir
arreglar la nueva al paso del tiempo.
Aun después de muchos años, no hemos
terminado de repararla.
Vivimos demasiado tiempo con las cosas
tal como son.

Alguien piensa: "Estudiaré mucho para poder
entrar a una universidad de prestigio".
Otro piensa: "Estudiaré mucho para poder
instruir a mi hermana, quien no asiste
a la escuela porque mi familia no puede
permitírselo".

Pese a que ambos tienen la misma
determinación de estudiar mucho,
sus motivaciones son muy distintas.
La promesa de ayudar a otros suscita
una inmensa energía interior.
Por eso, antes de emprender
un viaje de iluminación
espiritual se hace el juramento del bodhisattva
de proteger a todos los seres vivos.

* *

Al tomar una decisión, calcula a cuántas
personas beneficiará.
Si sólo satisface tu ego y perjudica a muchos,
es una decisión incorrecta.

* *

Sé el tipo de persona que puede ponerse
en los zapatos de otra
y comprender algo no sólo desde
su propia perspectiva,
sino también desde la ajena.

❈

¿Quieres acercarte a alguien?
¿Es porque deseas algo de él?
Si en efecto quieres estar cerca,
desecha tus motivos ulteriores.
Cuando eres amable de verdad,
sin intenciones ocultas,
los demás se abrirán
más fácilmente a ti.

❈

Algunas personas son generosas y cordiales
con quienes no pertenecen a su círculo
mientras que descuidan las necesidades
de quienes sí pertenecen a él.
Es un error no valorar a nuestros
familiares y colegas.
Cuando quienes te rodean se sienten
ignorados y traicionados,
todo lo que has construido podría venirse
abajo en un instante.

Una roca es un ejemplo
de cómo mantenernos firmes y no flaquear
cuando una oleada de elogios o críticas
se precipita sobre nosotros.

Lo importante no es estar en lo cierto sino convivir

Cada uno de nosotros tiene creencias, valores y pensamientos que juzga fundamentales respecto a los cuales sería impensable ceder. Los considera irrefutables, y cree que todos los aprobarían si entraran en razón. De vez en cuando, sin embargo, tenemos que pasar tiempo con personas que no comparten nuestras convicciones.

Podemos discrepar con ellas sobre opiniones políticas, creencias religiosas o valores de vida. Si la conversación toca esos temas, deriva pronto en discusión. Nadie se siente oído ni respetado y al final se imponen el enojo, la confusión y el resentimiento.

¿Vale la pena que hagamos sentir mal a los demás por defender nuestras creencias? En lugar de mantener la superioridad de nuestros valores, ¿no deberíamos interesarnos más en la persona que está sentada ante nosotros? ¿No es preferible convivir con otros que tener la razón solos?

Intentar convencer a alguien de que adopte nuestras opiniones es, en gran medida, labor de nuestro ego. Aun si estamos en lo cierto, nuestro ego no se conformará y buscará una nueva discusión en la cual ocuparse.

La madurez resulta de la experiencia. Una lección que debemos aprender de ella es que no debemos tomar demasiado en serio nuestros pensamientos y hemos de aprender a refrenar nuestro ego y ampliar nuestros horizontes.

Estar en lo cierto no es tan importante como convivir.

En vez de ser el más listo en la sala,
presto a criticar a los demás,
sé el amigo cordial que une a la gente
y comparte cosas con ella.
Sé el vecino alerta capaz de sentir
el sufrimiento ajeno.

❊

Si quiero convencer de algo a alguien,
antes lo escucho con atención y trato
de comprenderlo.
Aun si estoy en lo cierto,
él no se convencerá
si no se siente oído y respetado.

❊

Muchos conflictos pueden resolverse
si nos ponemos en los zapatos del otro.
Intenta examinar las cosas
desde su punto de vista.
Si sólo consideras tu perspectiva
serás como un niño.

❊

Si te enojas mientras debates
sobre lo cierto y lo falso,
tu enfurecida voz acaba
delatando tu derrota.

Criticar es fácil.
Pero si quien critica trata de hacer las cosas,
pronto comprenderá que nada
es tan fácil como sus críticas.
La crítica sin solución sirve únicamente
para halagar el ego del crítico.

Cuando algo hace que te hierva la sangre,
no respondas de inmediato con un texto o correo.
Una persona prudente consulta a la almohada.
Una reacción impulsiva da con frecuencia
resultados lamentables.

Es fácil hacer sentir especial a la gente,
porque prefiere hablar que escuchar.
Haz muchas preguntas abiertas y escucha
con genuino interés.
Ella se sentirá complacida con tu atención
e incluso te apreciará.

✺

Los poderosos suelen estar rodeados
de personas serviles que los hacen sentir
importantes y excepcionales.
Si quienes te rodean están siempre
de acuerdo contigo
son oportunistas, no individuos leales.

✺

Cuando una pregunta tiene
una respuesta lógica
pero larga y complicada,
y otra simple, que hasta un niño
puede entender,
la correcta suele ser la simple.

✺

Si haces una pregunta
que nadie contesta,
ésa es la respuesta.

❀

Hay quienes conocen sus faltas
y los que no.
Nadie es perfecto.
Todos tenemos limitaciones.

❀

Si alguien parece perfecto
es que no lo conoces bien.

❀

"No intentes hacer algo a la perfección.
¡Mejor vuélvelo interesante!"
—Consejo de un diseñador de interiores

❀

¿Quieres ser feliz
o parecer feliz?
No importa lo que el mundo diga
que debes hacer para ser feliz;
sé fiel a ti mismo y descubre
lo que quieres de verdad.

＊＊

Elige la felicidad, no el éxito,
como tu meta en la vida.
¿De qué te sirve tener éxito
si no eres feliz?

＊＊

Hay quienes quieren triunfar
para burlarse de quienes los menospreciaban.
¿Pero qué pasa una vez que alcanzas el éxito?
¿Qué haces después de demostrar
que esas personas estaban equivocadas?
Si quieres tener éxito de verdad,
no uses la escala
de alguien más.

＊＊

El elogio que vale proviene de alguien
que está en el mismo campo que tú.
Vale el de diez o más personas
fuera de tu campo.

※

Los profesionales tienen sus talentos
y áreas de experiencia.
Si un cliente intenta controlar o monitorear
cada detalle, el profesional no puede trabajar
a toda su capacidad
y se siente inhibido.
Si persigues el mejor resultado,
observa con interés, pero deberás saber
cuándo dar un paso atrás.

※

Un médico, abogado o contador veterano
no necesariamente presta un mejor servicio
que el joven y apasionado profesional
con unos cuantos años en su campo.
La calidad de la atención que recibes
es a menudo más importante
que la ilustre historia profesional del experto.

※

En cuanto dominas dieciocho niveles de kung fu,
puedes lastimar a alguien con sólo mover un dedo.
Pero si procedes a dominar
los treinta y seis niveles,
optarás por retirarte cuando, insensatamente,
el débil se presente a combatir.

¿Vas en ascenso?
¿Lo haces bien?
Observa si triunfas
a expensas de los demás
o con ellos.
Si los empujas en tu camino al éxito,
ellos pasarán encima de ti
cuando la marea cambie.

Capítulo cuatro

Relaciones

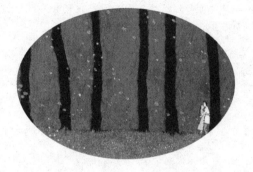

El arte de mantener
una buena relación

Muchos de nosotros invertimos tiempo y dinero para vivir en una hermosa casa, conducir un automóvil de lujo y lucir jóvenes y guapos. ¿Pero cuánto invertimos en lo intangible, como las buenas relaciones? Si tenemos la suerte de estar rodeados por familiares y amigos que nos quieren tal como somos y procuran nuestro bienestar, nos sentiremos seguros y emocionalmente estables aun frente a un desafío. Por otro lado, aun si poseemos la casa de nuestros sueños, un coche lujoso y un cuerpo perfecto, seremos muy infelices si hay problemas en nuestras relaciones. Cuando los problemas persisten sin solución a la vista, nos deprimimos e incluso pensamos en el suicidio. Si lo que esperamos de la vida es ser felices, ¿no deberíamos poner más empeño en cultivar buenas relaciones con quienes nos rodean?

Yo era un veinteañero cuando hice una excursión de dos semanas a Europa con un buen amigo de mi monasterio. Llegamos muy animados al aeropuerto de Roma. Teníamos un par de años de conocernos y nos llevábamos muy bien; a mí me agradaba su sentido del humor y cordialidad, y él apreciaba mi espíritu aventurero y mi optimismo. Como él no hablaba mucho inglés, yo me sentía obligado a acompañarlo a todas partes. Después de siete días de estar juntos sin cesar, ya no teníamos nada que decirnos y estábamos muy molestos. Esto no se debía a ningún problema concreto en nuestra amistad; ansiábamos pasar solos un poco de tiempo. Así, una mañana le sugerí a mi amigo que siguiéramos rutas distintas y nos reuniéramos en la noche en el albergue. Aceptó mi propuesta.

Al salir del albergue me sentí libre: podría hacer lo que quisiera ese día, no tendría que negociar con mi amigo adónde ir y qué ver después. Pero en el transcurso del día recordé varias veces las ventajas de viajar acompañado: cuando tenía que ir al baño, mi amigo no estaba ahí para cuidar mi mochila; comer solo no resultó divertido, fue un deber más que un momento de disfrute y relajación; nadie me tomó una foto porque yo no quería molestar a desconocidos; cuando veía algo bello, como una obra de arte famosa, no me emocionaba mucho, porque no había nadie con quien compartir mi entusiasmo. Al llegar esa noche al albergue, me hizo muy feliz ver a mi amigo de nuevo. En la cena tuvimos muchos nuevos temas de conversación mientras nos contábamos nuestro respectivo día.

Esta experiencia me hizo darme cuenta de que el arte de mantener una buena relación es comparable a sentarse junto a una chimenea: si nos sentamos muy cerca durante demasiado tiempo, nos calentaremos y quemaremos; si nos sentamos demasiado lejos, no sentiremos el calor. De igual forma, por bien que nos llevemos con alguien, si nos apegamos demasiado a él, sin conservar un espacio personal, pronto nos sentiremos atrapados y agotados; daremos por hecho la relación y nos molestará no tener suficiente privacidad e independencia. Si, al contrario, ponemos muy poco empeño en nuestro contacto con amigos y familiares, no sentiremos la calidez de su afecto. La clave es encontrar el equilibrio.

Una anécdota de Corea contiene otra buena lección sobre las relaciones. Maeng Sa-seong (1360-1438) perteneció a la clase letrada durante la dinastía Joseon y destacó por su inteligencia: a los diecinueve años de edad recibió las más altas notas en el examen del servicio civil y a los veinte ya era magistrado de condado. No obstante, su rápido éxito lo volvió altanero y vanidoso. Un día visitó a un eminente maestro budista zen de su distrito y le preguntó:

—¿Qué debo tener en mente mientras gobierno esta ciudad?

El maestro respondió con gentileza:

—Que has de evitar el mal y hacer el bien a muchos.

Maeng replicó:

—¡Hasta un niño sabe eso! ¿Eso es todo lo que puede decirme?

Pese a que quería retirarse, el maestro insistió en que se quedara otro rato. Preparó té y le sirvió una taza, aunque continuó hasta derramar el té. Intrigado, Maeng exigió saber qué hacía.

—Sabes que demasiado té arruinará el piso —contestó el maestro—; ¿entonces ignoras que demasiado conocimiento arruinará el carácter de una persona?

Avergonzado, Maeng se levantó de un salto y se precipitó hacia la puerta para marcharse, pero en su prisa se golpeó la cabeza con el marco de la puerta. El maestro lo amonestó con cortesía:

—Si bajaras la cabeza no te meterías en dificultades.

Como podemos ver, demasiado orgullo es una fuente de conflicto. Si tratamos a la gente con humildad y respeto evitaremos problemas. El orgullo nos hace arrogantes y nos lleva a librar una batalla de voluntades; pelear para establecer quién tiene la razón hace que causemos dolor físico y emocional.

Algunas personas incluso arrastran al conflicto a sus familiares y amigos, y crean mayor confusión y mala voluntad. Si alguien me dice: "Veamos cuál de nuestras religiones es la verdadera", primero lo escucharé respetuosamente y le diré después: "Gracias por explicarme aspectos de tu religión de los que no sabía mucho". Si me pusiera a discutir, el único resultado sería que alguien saldría lastimado. Aun si yo ganara, ¿qué bien haría eso? El otro se sentiría abatido.

Cada uno de nosotros crece en un ambiente distinto. Nuestras experiencias son diferentes, igual que nuestra personalidad, hábitos, valores y pensamientos. No es fácil que varios individuos vivan juntos e intenten forjar relaciones. De acuerdo con el texto budista *Tratado samadhi del rey del tesoro*, "no esperes que otros sigan tu camino; si siempre te sales con la tuya, es fácil que te vuelvas arrogante". Experimentar adversidades en la vida nos ayuda a madurar y nos hace más comprensivos. Recuerda que quien te hizo difícil la vida hoy, bien podría ser un maestro encubierto llegado de lo alto y encargado de tu crecimiento espiritual.

¿Te sientes solo a menudo
en el trabajo o la escuela?
Quizás hayas cerrado tu corazón
a quienes te rodean.
"No lo soporto."
"Soy mejor que él."
"No congeniamos."
Si piensas así,
¿cómo podrías no estar solo?
Abre tu corazón y toma una taza de café con ellos.
Verás pronto que no son tan diferentes a ti.

࿇

Cuando me confías tus penas y aflicciones,
agradezco que busques apoyo en mí.
Es como si me reuniera contigo en el recinto
más sagrado de tu corazón.

࿇

Los políticos dicen siempre lo que queremos oír,
pero esto no siempre hace eco en nosotros,
porque hablan con la cabeza,
no con el corazón.

Habla con el corazón, el cual es sensible,
simple y sincero.
La gente te comprenderá y te apreciará.

※

Si te crees superior o inferior a alguien,
entre ustedes se levanta una pared invisible.
Trátalo como un viejo amigo al que no has visto
en mucho tiempo.
Si bajas la guardia, él hará lo mismo.

※

La punta de un rollo de sushi,
con el relleno de fuera,
suele ser más sabrosa que una buena
rebanada de en medio.
Alguien serio y refinado produce una impresión
de frialdad e indiferencia,
mientras que una persona sin pretensiones
es más genuina y agradable.

¿Sabes por qué una conversación es tan aburrida?
Porque hemos caído en la trampa de la cortesía,
incapaces de hablar con el corazón.
Cualquier conversación puede resultar
interesante y animada
tan pronto como hablamos con franqueza.

Cuando alguien te insulte, mantén la calma
y la compostura treinta segundos
y eso es todo.
Si te defiendes y preguntas: "¿Cuál es tu problema?",
tendrás que pasar más tiempo con esa
antipática persona.

La gente dice cosas hirientes
porque ha sido herida.
Cuando te topes con alguien agresivo
y malintencionado,
piensa en la horrible situación
en la que se encuentra.
Si es insufrible y no tienes tiempo,
susurra "Dios te bendiga" y sigue adelante.

✺

Si criticas a alguien, ve si no lo haces por envidia.
Tu crítica revela sobre ti más de lo que crees.
Aunque estés en lo correcto, resultarás
desagradable.

✺

Si deseas comunicarte bien con los demás,
describe lo que sientes en lugar de pasar
a la ofensiva.
Di por ejemplo: "Me da mucha pena oír eso",
no: "¿Por qué siempre me pones de malas?".
Quieres que la gente te oiga, no que se
defienda de ti.

✺

Cuando sufras una desilusión, no esperes
demasiado para decirlo.
Si contienes tus sentimientos,
el río de la emoción se desbordará
y será difícil atravesarlo y hablar con calma.

⁂

¿Tienes muchos enemigos?
Sé humilde y deja de hablar mal de la gente.
Quienes no hacen enemigos son más poderosos
que quienes tienen la fuerza de combatirlos a todos
y ganar.

⁂

El ruido de una motocicleta
afecta, más que a nadie, al conductor.
Él tendrá que culparse
cuando sea viejo y no oiga ya.

Si hablas mal de los demás,
a quien más daño haces es a ti,
porque tu negatividad
resuena como nunca en tu interior.

⁂

Por lastimado que estés,
no es necesario que tengas
la última palabra.
La última palabra puede borrar
hasta los mejores recuerdos.
Aunque las cosas cambien,
¿es preciso que elimines todos tus recuerdos,
en especial los buenos?

⁜

Cuando la cólera nos ciega, tomamos decisiones
que lamentamos más tarde.
Salir de la habitación antes de quemar el puente
es un signo de madurez.

⁜

La mejor forma de desquitarte de alguien
que te abandonó
es conocer a otra persona y ser feliz de nuevo.
Tramar venganza y sentir celos
muchos años después
es una fórmula para la desdicha.

⁜

Él se queja de ella a sus espaldas.
Sin saberlo, ella se acerca a él
y le dice palabras bondadosas.
La mejor represalia es el amor.

❖

Aun la más bella música cansa
si la escuchamos sin cesar.
Pero si la escucho después de cierto tiempo,
recuperará su esplendidez.
El problema no es la música
sino mi relación con ella.

Incluso mi mejor amigo me enfada
si estoy demasiado tiempo con él.
Pero si lo veo después de una pausa,
será fantástico de nuevo.
La dificultad no es la persona
sino mi relación
con ella.

❖

Dice un antiguo texto budista:
"El papel que envuelve al incienso huele a incienso
y la cuerda que ata a los peces huele a pez".
Nos guste o no,
lo que nos rodea influye, por lógica, en nosotros.
Pregúntate: "¿A quién quiero emular?
¿Esa persona está física o mentalmente
cerca de mí?".

·⁙·

Si ayudamos a alguien con la esperanza
de obtener algo a cambio,
no damos sino prestamos.
La generosidad verdadera no espera nada
a cambio y renuncia también al control
sobre lo que ya dimos.

·⁙·

Cuando la conversación trata
de los defectos de alguien,
no participes en ella y reoriéntala con sutileza.
Si hablamos demasiado, es fácil que hablemos
mal de los demás.
Entonces, si te sientes locuaz, mantente alerta.

·⁙·

Cuando se te pide hacer algo
determina si puedes hacerlo.
Si no puedes, declina lo más pronto posible,
al igual que en un restaurante devolverías
una orden equivocada.
Si no la devuelves de inmediato
tendrás que pagarla.

❧

Hay una razón de que la gente se acerca
a ciertos individuos.
Son cordiales, comprensivos y magnánimos,
generosos con su tiempo, dinero
y elogios.

Si tratas de guiar a los demás únicamente
con reglas y principios,
uno por uno te dejarán.
Un buen líder lo sabe y por eso
cultiva la virtud.

❧

Según el sabio confuciano Jeong Yak-yong
(1762-1836), "la mejor manera de ocultar
tu riqueza es donarla.
Si eres generoso con ella,
el dinero que tarde o temprano
habría desaparecido será una joya
perdurable, firmemente
engastada en el corazón de sus destinatarios".

⁂

El aire que inhalo entra en mi cuerpo
y se vuelve parte de mí.
El aire que exhalo pasa a otro y
se vuelve parte de él.

Basta ver cómo se mueve el aire
para que entendamos que todos estamos unidos,
en sentido figurado y literal.

⁂

"Nos guste o no, todos estamos relacionados
y es impensable que seamos felices en soledad."
—Su Santidad el Dalái Lama*

* Tuit del 11 de julio de 2011, https://twitter.com/DalaiLama/
status/90351201736065024.

El universo entero está contenido
en una rebanada de manzana
dentro de una lonchera.
El manzano, el sol, la nube, la lluvia,
la tierra, el aire,
el esfuerzo del agricultor: todo está en ella.
El camión de reparto, la gasolina,
el mercado, el dinero,
la sonrisa de la cajera: todo está en ella.
El refrigerador, el cuchillo, la tabla para cortar,
el amor de una madre: todo está en ella.
Todas las cosas del universo dependen
unas de otras.
Piensa ahora en lo que existe en ti.
El universo entero está dentro de nosotros.

❧

El viaje del perdón

A quien te traicionó y te dejó, a quien te robó y desapareció, a quien te dio una puñalada por la espalda y actuó como si no pasara nada: perdónalos.

No por ellos sino por tu bien; verdadera y totalmente por ti. No porque merezcan tu perdón, no porque sean sólo seres humanos.

Perdónalos.

Así serás libre. Así serás feliz. Así seguirás adelante con tu vida.

No será fácil y te parecerá injusto. Un súbito arrebato de ira te invadirá. Lágrimas de rencor rodarán por tus mejillas. Permite que esos sentimientos salgan a la superficie y se desdoblen. Trátalos bien, con un corazón compasivo.

Después de honrar tus lágrimas pregúntate: "¿Todavía quiero llevar ese rencor en mi corazón? ¿Quiero vivir siempre como una víctima?"

Cuando estés listo, ármate de valor y decide. Aunque tu corazón no escuche la decisión de tu mente, resuelve perdonar y libérate de esa servidumbre emocional.

Regresa entonces a tus sentimientos de ira y rencor, dales permiso de expresarse. ¿Cómo se manifiestan en tu cuerpo? ¿Como músculos tensos, pulso rápido, piel enrojecida? ¿Como respiración entrecortada o presión en el pecho?

Permite que esas oleadas de sensaciones emerjan y se retiren. Repara en las sensaciones que atraviesan tu cuerpo.

Cuando esas oleadas amainen, averigua si hay algo detrás de ellas. ¿Hay emociones ocultas bajo la ira y el rencor?

¿Ves temor, vergüenza o pesar? ¿Hay soledad e inseguridad? En vez de ahogarte en ellas, obsérvalas.

Conforme tu corazón se vuelva más sensible y abierto, dirige tu atención al agresor. ¿Puedes ver bajo su máscara, sentir lo que hay detrás de esa violencia y falsedad?

¿Sientes su temor, inseguridad y falta de mérito? ¿Sientes soledad o vergüenza bajo la superficie? En vez de rendirte a él, obsérvalo con compasión.

Dentro de nosotros hay una inmensa montaña de miedo y un hondo río de pesar, pero también la mirada compasiva que percibe tu interior. Deseo que encuentres esa mirada, fuente de libertad y curación.

Cuando odiamos a alguien
pensamos mucho en él.
Incapaces de olvidarlo,
terminamos por actuar a su manera.

No permitas que él se vuelva un huésped
permanente de tu corazón.
Expúlsalo inmediatamente con un aviso de perdón.

✽

¿La persona que odias
merece que la lleves en el corazón?
Mantén en él sólo a quienes amas.
Llevar contigo a los que odias
sólo te causará angustia y depresión.

✽

En tus relaciones, da por hecho que tendrás
que dar más de lo que recibes.
Recordamos muy bien lo que hacemos
por los demás, pero olvidamos fácilmente
lo que ellos hacen por nosotros.
Pese a que te sientas en desventaja,
tal vez has recibido casi lo mismo que has dado.

✽

Cuando ven que soy monje,
algunas personas unen sus manos para saludarme
y yo hago involuntariamente lo mismo.
Otras inclinan la cabeza
y yo hago involuntariamente lo mismo.

Los humanos somos como espejos:
nos reflejamos unos a otros.

Si una persona prudente quiere algo de alguien,
primero da lo que desea recibir de ellos
para poner el ejemplo y no tener que pedir.

❖

Si quieres que un amigo recuerde tu cumpleaños,
recuerda el suyo primero.
Si quieres que tu pareja te dé un masaje,
dale un masaje primero.
Si quieres que tus hijos vean menos televisión,
apaga tu tele primero.

No esperes a que ocurra lo que quieres.
Actúa.

❖

El hombre sabio esquiva el golpe.
Si reclamara,
se vería como el agresor y no
conquistaría el corazón de la gente.
Aunque esto parezca injusto,
abstenerse de reaccionar con enojo es muestra
de verdadero carácter.

❋

La gente se molesta
por un asunto emocional menor
y agrede después a la persona implicada
con un pretexto inconexo de apariencia legítima.

❋

Si te rebajas, el mundo te eleva.
Si te elevas, el mundo te rebaja.
Al llegar a la cima de la iluminación
lo comprenderás:
tu cima es de la misma altura que tus semejantes.
En la cumbre ves la virtud de todos.

❋

Cuando no cesas de discrepar con alguien
quizá el mundo te pide
que te examines con atención.
Si alguien no te agrada, intenta entender
por qué; ve si tú tienes una falla similar.

❊

El defecto que notas
en alguien que acabas de conocer
es probable que sea tuyo también.
Si no lo tuvieras
no lo habrías advertido tan rápido.

❊

Nadie es inherentemente bueno o malo.
Sólo las circunstancias en las que nos encontramos
son buenas o malas.
Un criminal que impide que un coche
me atropelle
es un ángel enviado por Dios.
Un Premio Nobel de la Paz que
choca conmigo en el metro
es un idiota.

❊

En una reunión de siete u ocho,
sin duda les simpatizaremos a uno o dos
y otros tantos no nos apreciarán.
No te lo tomes personalmente;
la vida es así.

❧

Permite que la gente tenga opiniones propias;
tiene derecho a ellas.
Si quieres que cambie de opinión
habrá problemas.
Eso no sólo es imposible e infructuoso,
también innecesario;
¡qué aburrido sería el mundo si todos
pensáramos igual!
Cuando concedas libertad a los demás,
hallarás la tuya también.

❧

¿De qué sirve que una mujer porte
una bolsa de diseñador
si su conducta carece de refinamiento?

❧

Cuanto más te obstines en hacer cambiar
a tu cónyuge, hijos o amigos,
más difíciles y tensas
serán tus relaciones.
La gente no cambia fácilmente
a menos que sufra grandes privaciones o tenga
una experiencia trascendental.

Un maestro budista me dijo una vez que
hay dos tipos de hijos en el mundo:
los que corresponden a la bondad de sus padres
y los que toman todo lo que ellos tienen.

¿Qué tipo de hijo eres tú?

Si crees que tu cónyuge no va a cambiar
y te preocupa cómo vivirán el resto
de su vida, pregúntate:
"¿Yo soy perfecto a los ojos de mi pareja?".

Cuando tengas un problema en una relación,
no lo resolverás si te preguntas
"¿Por qué el otro no me entiende?"
o "¿Por qué no hace lo que digo?",
ya que este enfoque parte de una exigencia.

Pregúntate en cambio:
"¿A qué se debe que se sienta infeliz
e incomprendido?"
o "¿Qué experiencia es la causa de que reaccione
de ese modo?"
Cuando partes de la intención
de comprender,
tu corazón se libera de la prisión de tus opiniones
y se abre a la aflicción del otro.

᠅

Las personas que ignoran comúnmente a los demás
lo hacen porque tienen miedo de ser ignoradas.

᠅

¿Por qué no puedes confiar en ese amigo?
Porque sabes demasiado bien
que tú eres capaz de mentir igual,
en una circunstancia semejante.

*

Nos hace muy felices
conocer a alguien que nos acepta como somos.
Aunque seamos individuos exitosos
podríamos sentirnos inseguros e incapaces
si se nos hace creer que algo
está mal en nosotros.

*

De acuerdo con algunos psicólogos,
la felicidad puede evaluarse
con dos simples preguntas.
Primero, ¿tu trabajo tiene sentido para ti?
Segundo, ¿mantienes buenas relaciones
con quienes te rodean?

*

¿Te sientes solo?

Según el Talmud,
a cada hoja la protege un ángel.
Los ángeles les susurran a cada una de ellas:
"¡Crece! ¡Crece!".

Si hasta a una hoja
la protege un ángel,
¿por qué no habría de proteger también
a cada uno de nosotros?
Si te sientes solo,
piensa en el ángel que tienes a tus espaldas
y da gracias de que te cuide.

❋

Un mosquito lleva dos días en mi cuarto
y no me ha picado todavía.
Bueno, vivamos juntos;
seguramente compartimos
alguna afinidad kármica.

❋

Vivimos entre incontables relaciones:
familia, amigos, colegas, vecinos, etcétera.
La vida es buena cuando esas relaciones
son buenas.
Ser feliz en solitario no dura mucho.

᠉

Para quienes practican la espiritualidad,
las relaciones son la prueba de fuego.
Pese a que hayas descubierto
tu naturaleza iluminada,
aún te falta mucho por recorrer
en tu viaje espiritual
si no vives en armonía
con los demás.

᠉

Capítulo cinco

Amor

El primer amor

Entre nosotros, Mary, se alza un dios desconocido.

—GIBRÁN JALIL GIBRÁN*

Cursaba el décimo grado cuando tropecé por primera vez con los libros de Gibrán Jalil Gibrán. Me sumergí en sus palabras sin saber quién era o de dónde venía. No había probado aún la dulzura del amor ni lo amargo de la vida, pero los poemas de amor y la prosa espiritual de Gibrán me cautivaron; quizá fueron sus poemas los que me pusieron por primera ocasión en contacto con algo inefablemente bello y sagrado dentro de mí. Mientras leía *El profeta* y *Jesús, el hijo del hombre*, sentí una profunda veneración e intimidad con Jesús. Ésta fue una experiencia nueva para mí, ya que hasta entonces sólo había recibido áridas y moralistas enseñanzas cristianas del bien y el mal.

* Virginia Hilu, ed., *Beloved Prophet: The Love Letters of Kahlil Gibran and Mary Haskell and Her Private Journal*, Nueva York, Alfred A. Knopf, 1972.

Aún más fascinantes fueron las cartas de amor entre Gibrán y Mary Haskell, su amiga íntima y compañera espiritual. Esas cartas sacudieron profundamente mi experiencia de un corazón adolescente en busca del verdadero amor. Dediqué las largas noches de mis últimos años de preparatoria a leer la poesía de Gibrán; todavía recuerdo cómo describía su amor en esta frase simple pero elegante:

Las demostraciones de amor son modestas en comparación con lo grandioso que se oculta detrás de ellas.*

Su espíritu sensible y su lenguaje me conmovieron profundamente. Aunque nunca me había enamorado, sus palabras calaron hondo en mi corazón, como si refirieran mi propia experiencia.

Cuando el amor te guiñe el ojo, síguelo,
pese a que sus caminos son arduos y escarpados.
Y cuando te envuelva con sus alas, sucumbe a él
aun si te hiere con la espada que ahí esconde.**

---

* Gibrán Jalil Gibrán, *The Prophet*, Nueva York, Alfred A. Knopf, 1967.
** Ibíd.

Me prometí que cuando el amor llegara a mí, me entregaría por completo a él, sin cálculo ni miedo, a pesar de que un profundo dolor me acechara al fondo. Pero como todos sabemos, el amor no llega porque lo desees o creas estar preparado para recibirlo. De hecho, su naturaleza parece ser la esquivez: entre más quieres poseerlo, más lejos permanece.

Hace unos años, desperté una mañana y me di cuenta de que el amor que tanto había esperado por fin había llegado a mí. Era un huésped inesperado que se había metido directamente en mi corazón, sin que mediaran en él mi disposición ni mi voluntad. Para un monje es penoso hablar de su primer amor, pero ella era una misionera estadunidense a la que conocí por casualidad en las calles de Seúl. Como a mí también me interesaban la religión y la espiritualidad, teníamos mucho de que hablar. Ella nos enseñó inglés a mis amigos y a mí, y nosotros le ayudamos a que aprendiera coreano. Aunque era algunos años mayor que yo, teníamos varios intereses en común además de la religión y los idiomas: nos gustaba la música de George Winston, las películas de Luc Besson y musicales como *Los miserables*. Yo grababa cintas para ella y ella me hacía galletas y pasteles. Pese a que apenas tuve la oportunidad de estar con ella a solas, ansiaba verla, así fuera en clases. Pronto noté que ése no era un capricho de juventud; era amor.

¿Pero tenía posibilidades de fructificar? Estaba condenado a ser un amor no correspondido. A ojos de ella, yo era sólo un estudiante de preparatoria; ella debía regresar a Estados Unidos en seis meses, con su novio de mucho tiempo. Era obvio que esto no iba a funcionar, pero lo que yo sentía no tenía remedio. Cuando el amor te encuentra, te consume; todo lo demás pierde importancia. Mis pensamientos la asediaban el día entero y mi corazón estaba expuesto y vulnerable; todo parecía más vívido y significativo. Yo era feliz cuando pensaba en ella, como si volara en su compañía a la cumbre más alta del mundo. Pero conforme la fecha de su partida se acercaba, sentía también un dolor insoportable. Era feliz y al mismo tiempo sufría intensamente.

Dos semanas antes de que ella volviera a Estados Unidos, yo sentí que mi egoísmo se disipaba en forma gradual. Nada importaba más que ella; era como si yo desapareciera del mundo y en él sólo quedara ella, como si todo en el mundo brotara de ella. Comprendí entonces lo que Gibrán había querido decir cuando escribió que entre Mary y él había un dios desconocido; el amor era sagrado y misterioso, la obra de un dios mucho más capaz e importante que cualquiera de nosotros. Todas las palabras de Gibrán adquirieron un nuevo significado; el mundo entero me pareció completamente distinto.

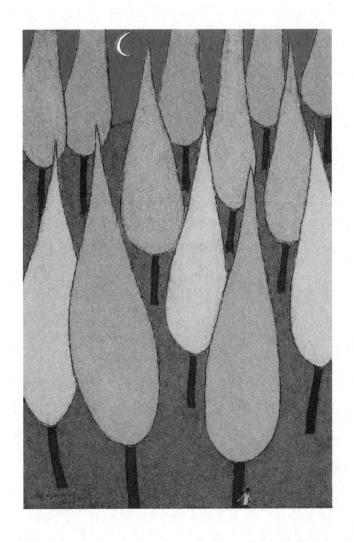

Tres años después de que ella se fue de Corea me escribió para anunciarme su boda: se casaría al fin con su novio. En ese momento yo estaba en California, en la universidad; quise volar al Sur para felicitarla, pero no tenía tiempo ni dinero. Sin embargo, lo que de veras me impidió asistir a su boda fue el temor de que verla casarse me hiciera sufrir; nada más pude enviarle una carta con mis mejores deseos y un pequeño regalo. Dos años más tarde me gradué y decidí, con un amigo, recorrer en coche el país. Cuando pasamos por su ciudad le llamé y la invité a tomar un café; se emocionó al verme y recordamos el tiempo que habíamos pasado juntos en Corea. Su esposo la acompañó y me trató amablemente; era, como ella, una persona de buen corazón.

Me mudé a Cambridge, Massachusetts, para estudiar la maestría y visitaba con frecuencia el South End de Boston, donde la familia de Gibrán había vivido tras emigrar del Líbano a fines del siglo XIX; aquél era entonces uno de los grandes suburbios de Boston, poblado sobre todo por inmigrantes sirios y libaneses, y hoy es un hermoso vecindario con edificios de ladrillo rojo al estilo de Nueva Inglaterra. Gibrán creció ahí, donde vivía con su madre y sus hermanos y aprendía inglés en la escuela. Se inscribió en el instituto de artes y se convirtió en un pintor talentoso. En 1904 hizo su primera exposición y Mary Haskell, quien era diez años mayor que él, se prendó de su maestría y fue su mecenas el resto de su vida. Él le mandaba cartas repletas de revelaciones sobre el amor y la vida, las cuales echaron raíces profundas en mi corazón adolescente y permanecen conmigo hasta el día de hoy.

Y cuando él te hable, créele,
aunque su voz destroce tus sueños como el viento
del norte devasta el jardín.
Porque al mismo tiempo que te corone, el amor
*te crucificará.**

Tres años después de que se marchó al Sur, Haskell le escribió a Gibrán para informarle que se casaría, lo mismo que mi primer amor me dijo a mí, tres años después de haberse mudado al Sur. Tener esto en común con Gibrán me hizo sentir más cerca de él, y sus escritos se volvieron aún más especiales para mí. Cuando hoy pienso en mi primer amor, ya no siento pesar, pero en ese tiempo sufría enormemente. Esos sentimientos desaparecieron hace mucho, reemplazados por una honda gratitud. Estoy muy agradecido con mi primer amor, con Gibrán y con el universo por haberme mostrado la maravilla del amor y de la devoción y la sensación de estar vivo en verdad y por haberme concedido la experiencia del desvanecimiento del ego, de un universo de significados infinitos y de un destello de Dios.

* Ibíd.

Si buscas el amor por lo que puede darte,
se esconderá.
Si pides que llegue a ti porque ya estás listo,
pasará de largo ante tu puerta.

El amor es como un huésped imprevisto:
llega cuando quiere,
se va cuando le pides más.

٭٭

Si deseas un amor que cumpla ciertos requisitos,
tu nuevo amor te hará algunas demandas también.
Olvida tus exigencias cuando el amor toque
a tu puerta.

٭٭

El amor es cordial y liberador.
Es inocente, como un niño
sin intenciones ocultas.

٭٭

Para determinar lo cerca que estamos
de alguien, preguntémonos:
"¿Puedo actuar como un niño frente
a esa persona?".
Si amamos a alguien, nos sentiremos
como niños de corazón.

Cuando buscaba mi primer empleo
como maestro,
pensé que era como una novia:
podía gustarme, pero yo a ella no;
podía gustarle yo, pero ella no a mí.

Para cocinar un platillo delicioso
necesitas tiempo para marinar los ingredientes.
Para establecer una relación duradera
necesitas tiempo para que se desarrolle
la confianza.

Si sales con tu novia, modera tu entusiasmo.
Podrías preguntar: "¿Qué tiene de malo que exprese
mis sinceros sentimientos?
¿Por qué no puedo hacerle un regalo y decirle
que la quiero?". Tus palabras y regalos significarán
más para ella cuando esté lista.
Ámala a ella, no a tus sentimientos.

❄

El amor es cuestión de equilibrio.
Si la otra persona te agrada más de lo que tú
le agradas a ella,
dale tiempo y espacio para que te alcance.
Es importante que contengas tus emociones
cuando tus sentimientos no están en equilibrio con
los ajenos.

❄

"Haemin Sunim, vi que me enfadaba mucho con él.
Primero creí que era porque no me gustaba,
pero después reparé en que era porque
no se interesaba en mí."
El enojo sin motivo puede ser una manifestación
de encaprichamiento.

❄

En la escuela primaria
conocí a una niña alta que se burlaba de mí.
Luego supe que lo hacía para llamar mi atención.
Ése fue mi primer atisbo de las complejidades
de la psicología humana.

❊ ❊

Uno de los peores sentimientos es pensar
que no importas.
Mira a tu alrededor.
¿Has ignorado a alguien
con intención o sin ella?

❊ ❊

Sólo cuando nos lastiman
pensamos en alguien
a quien herimos,
y sentimos remordimiento.

❊ ❊

El final de una relación revela
de qué estamos hechos.
Apártate, así sea nada más un paso,
de tu terquedad y de tu ira.
Ese paso es más importante que diez
cuando las cosas marchan bien.
Mitigará tu dolor y te salvará
de la irracionalidad.

❖

El corazón es más lento que la mente.
La mente sabe que deben separarse
pero el corazón no.
Esto se debe a que contiene
más profundos sentimientos.

Cuando un día, luego de muchos
de desilusión,
tu pareja te asesta el último golpe,
la luz de tu corazón se apaga al fin.

❖

Los frutos caídos del ginkgo
son como una relación fallida.
Antes colgaban primorosamente del árbol
y ahora huelen mal cuando los pisas.
Sé tan gentil al poner fin a una relación
como lo fuiste al comenzarla.

Prueba de que amaste de verdad:
no hablas mal de tu anterior pareja.

Al recordar a alguien que quisiste,
a veces te sorprendes pensando sin rencor:
"Espero que sea feliz".
Esto es señal de que seguiste tu camino.

El dolor causado por una persona
puede ser curado por otra.
Pero antes de que conozcas a alguien
date tiempo de sanar.
De lo contrario, nada más lo usarás.

꽃

Una relación excepcional no es
la que comienza bien
sino la que termina bien.
Las relaciones suelen empezar por accidente
mientras que al terminarlas
tenemos opciones.
Elige con tino el final.

꽃

Amo tu simplicidad

Después de mi plática sobre el *dharma* te acercaste tímidamente a mí con un frasco de leche de soya caliente en las manos y me dijiste con dulzura:

—Sunim, lamento que sólo pueda darte esto.

Luego de tenderme el frasco y una nota, desapareciste entre la multitud.

Tu nota me conmovió mucho: "Gracias, desde el fondo de mi corazón, por escucharme y por ofrecer tu consejo a una persona tan simple y ordinaria como yo".

Mientras el calor del frasco se demoraba en mis manos, lamenté haber perdido la oportunidad de hablar más contigo. Como es probable que no volvamos a vernos, decidí escribirte aquí, con la esperanza de que recibas este mensaje por algún medio.

Quiero que sepas que amo tu simplicidad, porque yo soy simple también. La verdad es que todos somos simples.

Por célebre o bello que se sea, por mucho dinero o poder que se tenga, por numerosos y formidables logros que se alcancen, todos tenemos nuestra ración de reveses, desconsuelos y pérdidas; todos debemos enfrentar retos sobre los que no tenemos ningún control; la soledad y el miedo a la muerte nos acompañarán a todos hasta nuestros últimos días.

Todos estamos en el mismo y peligroso viaje de la contaminada gloria de la vida.

Así que te amo, a ti que te paraste tímidamente ante mí, murmuraste que eras simple y me ofreciste el cálido recipiente de tu corazón.

Sin amor,
nuestra vida pasaría
en un parpadeo.
El amor tiene el poder de detener
el mundo un momento.

❀

El amor vuelve bello al mundo.
Si hay amor, hay belleza.

Cuando el amor se agote en tu vida,
busca la hermosura en torno tuyo.
Ahí lo reencontrarás.

❀

Eres hermoso
no porque seas mejor que otros,
sino porque sólo tú sonríes así.
Dios quiera que te enamores
de tu ser excepcional.

❀

Una noche de verano vi el cielo
y contemplé una estrella entre muchas;
ella también decidió mirarme a mí
entre todos los seres de la Tierra.
Un encuentro entre dos personas es igual,
un raro suceso cósmico.
Uno en un millón, un billón, un trillón.

⁘

Amar es
confiar en alguien,
acompañarlo,
estar dispuesto a escucharlo
con un corazón sensible
sin otra razón que el amor.

⁘

A veces no estamos seguros
de que lo que sentimos es amor.
En ese momento, pregúntate:
"¿Me alegra dar más después
de haber dado tanto?".
Si la respuesta es sí y no lo lamentas,
amor es quizá lo que sientes.

⁘

Amar significa querer a alguien como es.
Preferir que sea de otra forma no es amor
sino tu deseo.
No intentes hacer que alguien mejore
en nombre del amor.
Mejorará a tus ojos, no a los suyos.

✢

Si algo está llamado a convertirse
en una relación,
ocurre sin mayor dificultad.
Si eres el único que se esmera,
suelta al otro.
Esto aliviará la presión
y podría motivarlo a esforzarse.
Si no, abrirá un nuevo camino para ti.

✢

El amor llega naturalmente y sin esfuerzo.
Si te empeñas en amar a alguien, eso no sucederá
hasta que dejes de obstinarte.

Un director de reparto prueba a muchos actores
pero reconoce al indicado desde que entra.
Lo mismo ocurre con una casa nueva, un anillo de
diamantes, un futuro cónyuge.
Si dudas, quizá no has encontrado
al indicado.

❁

Ama
sin "hubiera...",
sin cálculo,
sin evaluaciones,
sin comparar.

Ama con la firme convicción de tu alma.
Si uno de ustedes es inquebrantable,
la relación perdurará.

❁

No lo llames amor, por favor.
Lo que experimentas es encaprichamiento
sin compromiso ni responsabilidad.

❁

El encaprichamiento no es amor
porque empieza y termina contigo.
Tiene que ver con tus sentimientos
más que con la otra persona.

·:·

Cuando estamos enamorados,
nos agrada hacer cosas buenas por el ser amado,
aunque es igualmente importante que nos
abstengamos de hacer cosas innecesarias.
A menudo pasamos por alto esta parte.

·:·

Nos gusta entrometernos en asuntos de otros
y pensar que lo hacemos por el bien ajeno.
Ofrecemos ayuda no solicitada e interferimos
en la vida de los demás.
Les quitamos su fuerza y hacemos
que se sientan incapaces.
Esto es producto de nuestro
deseo de control
y reconocimiento.
Tiene poco que ver con el amor.

·:·

Amemos como el sol ama a la tierra,
sin distinciones. Él cuida a los árboles y las flores
sin esperar nada a cambio.
No niega sus rayos sino que lo ilumina
todo con su presencia.

Como dijo Gibrán Jalil Gibrán,
ámense uno a otro como
dos pilares que sostienen el mismo techo.
Mientras contemplan juntos el horizonte,
deja espacio entre tu ser amado y tú.
Sin eso, tu amor se agotará y sofocará.

Recuerda esto:
si te obstinas en retenerlo, el otro se marchará;
si lo dejas en libertad permanecerá.

Hacemos cosas por la persona que amamos,
pero a veces sólo estar a su lado expresa un amor
más profundo. Regala tu completa presencia.

Capítulo seis

Vida

¿Sabes kung fu?

Cuando paseo por Nueva York con mi túnica gris de monje, es común que los niños que me ven imiten de inmediato a Bruce Lee. Al principio no entendía qué hacían, pero pronto comprendí: suponían que alguien con la cabeza a rape y cubierto con una túnica sabía artes marciales, lo cual me parecía grato y divertido. Un chico más audaz me preguntó una vez si sabía kung fu como esos monjes chinos del templo de Shaolin; la parte traviesa de mí quiso fingir en ese momento algunas posturas de kung fu y levantar lentamente los brazos junto con la pierna derecha.

Cuando los adultos descubren que soy un monje budista preguntan con curiosidad: "¿Qué tipo de meditación practica?" o "¿Cuántas horas pasa sentado cada mañana? ¡Ha de tener una mente muy tranquila!". Después hablan de sus experiencias en algún centro zen o de yoga o me cuentan de un libro sobre meditación que leyeron. Todo indica que para muchos adultos en Occidente un maestro budista es una persona serena y sosegada gracias a que medita a diario. Aunque las suposiciones de niños y adultos son diferentes, percibo en ellas una semejanza de fondo. Ambos sienten curiosidad por lo que un monje hace; en otras palabras, al tratar de imaginar la identidad de un monje, la gente en Occidente tiende a centrarse en su conducta.

Cuando estoy en Corea enfrento una serie distinta de preguntas. En el metro, por ejemplo, la persona sentada junto a mí me interroga: "¿Dónde se localiza su monasterio?" o "¿En qué templo reside en la actualidad?". Para los coreanos, la parte que define a una persona es dónde vive. Los que se conocen en Estados Unidos intercambian sus nombres e inmediatamente después preguntan: "¿De qué parte de Corea eres?". Para muchos de ellos, la identidad de un individuo tiene que ver con la ciudad en que nació más que con lo que hace.

Cada vez que regreso a Corea me pregunto por qué a la gente de allá le obsesiona tanto su origen, incluso entre los mayores de cincuenta años. Al buscar empleo, haberse graduado de una universidad de prestigio es provechoso en casi todo el mundo, sí, mas no suficiente. Aun si se consigue un buen trabajo, las habilidades y experiencias personales deberían ser más importantes que dónde se estudió. Un buen ejemplo de ello es el caso de Steve Jobs, el cofundador de Apple. Jobs asistió al Reed College, del que desertó tras haber cursado un semestre ahí.

Cualquier persona familiarizada con la educación superior estadunidense sabe que Reed es una excelente universidad humanística en Portland, Oregon, pero para un coreano promedio, que sólo ha oído hablar de las instituciones más antiguas y algunas notables de California, Reed sería de bajo nivel. Si Jobs hubiera sido coreano, su educación formal habría representado un gran impedimento para su éxito profesional. Nadie habría tomado en serio sus ideas ni invertido en su compañía; que no haya asistido a una universidad de prestigio sería prueba de su escasa inteligencia.

Esto me preocupa. Si valoramos la identidad de una persona con base en su ciudad natal o la escuela a la que asistió, consideramos únicamente su pasado y no prestamos atención a sus habilidades presentes o visión futura. Sólo los nacidos en el seno de buenas familias, con los fundamentos educativos y los contactos correctos, reciben la oportunidad de sobresalir, mientras que a aquellos con antecedentes menos que ideales se les niegan oportunidades pese que en algunos casos desborden potencial.

Cada vez que un chico me pregunta si sé kung fu me da ocasión de reflexionar en mi vida. ¿Me comporto como un líder espiritual o me he vuelto complaciente con mi identidad e ignoro mi verdadera vocación? Cuando conozco a alguien, ¿me esfuerzo por saber quién es la gente más allá de sus

indicadores sociales o la reduzco a sus antecedentes y no veo cómo es en verdad? Esto me recuerda una vez más que cualquier persona, incluidos los niños, puede ser un maestro espiritual para nosotros si estamos dispuestos a abrirle nuestro corazón.

La vida es como una rebanada de pizza:
parece deliciosa en un anuncio,
pero cuando la comemos no resulta tan buena
como creímos.

Si envidias la vida de alguien,
recuerda la pizza del anuncio:
siempre luce mejor de lo que es.

❧

¿Alguna vez has elegido en un menú un plato
más barato del que querías
y lamentas después tu decisión?
Si te es posible, quédate siempre
con tu primera opción.
Eso es mejor que una vida
llena de lamentaciones.

❧

La vida contiene un número mucho mayor de horas
ordinarias que extraordinarias.
Esperamos en fila en el supermercado.
Tardamos horas en ir y venir del trabajo.
Regamos las plantas y damos de comer
a nuestras mascotas.
Felicidad significa hallar alegría
en esas horas ordinarias.

❖

Cuando te concentras, hasta un directorio
telefónico puede ser interesante.
Si estás aburrido quizá se deba a que no
te has concentrado.

❖

Dondequiera que vayas,
cultiva un sentido de responsabilidad.
Si ves basura en una iglesia, biblioteca
o parque, recógela.
Al ejercitar tu responsabilidad,
tu vida tendrá más propósito
y la gente notará tu buen ejemplo.

❖

Es lógico que Escandinavia sea famosa
por el diseño de muebles,
pues en un clima frío la gente pasa más tiempo
en casa.
Italia es famosa por su ropa de marca;
es lógico que en un clima caluroso la gente
preste más atención a su apariencia al aire libre.

El lugar en el que vives te define.
¿Vives en un sitio propicio
para perseguir tus sueños?

No lo pensamos dos veces cuando gastamos
cierta cantidad en una copa de vino.
Pero dudamos al comprar un libro,
pese a que cueste a lo sumo el doble.

La mayoría de la gente es incapaz de notar
la diferencia entre una botella de vino de quince
y otra de cincuenta dólares.
Los treinta y cinco extra son el precio
de nuestra vanidad.

❉

Cuando compres algo que conservarás mucho
tiempo, como una casa o un piano,
elige lo mejor que puedas permitirte,
no algo que baste por el momento.
Podrías pensar que es suficiente,
pero lo lamentarás después.

❉

Un buen cliente no dice:
"Haga lo que juzgue mejor";
sabe exactamente lo que quiere
y lo comunica con claridad.
Y si no lo hace,
de todas formas tiene preferencias,
que expresará como una queja una vez
terminado el trabajo.

❉

Cuando haya un problema,
trátalo con el encargado.
Si lo planteas de manera indirecta,
a través de otro,
para no afectar tu relación con esa persona,
complicarás el asunto.
Ve directo a la fuente y trata
con la persona indicada,
aun si esto te incomoda.

❖

Cuanto más sabes,
más crees que no.
Cuanto más no sabes,
más crees que sí.

Todo fenómeno social es difícil de generalizar.
Sus causas echan raíces en una compleja red
de historia, cultura, política y economía.
Si alguien explica un fenómeno social
en términos sencillos,
es un experto o un tonto.

❖

El mayor obstáculo para aprender
es fingir que sabes cuando no es así.
Es mejor que admitas que no sabes;
si finges, tendrás que actuar como si supieras
algo desde el principio.
Es más fácil aprender cuando haces a un lado
tu orgullo y eres sincero.

❖

La mirada compasiva del alma herida
es más bella que la sonrisa ingenua
de la juventud inexperta.

❖

Querer persuadir a alguien
puede significar que no estás
seguro tú mismo.
Yo no voy por el mundo tratando
de convencer a la gente de que soy hombre.

❖

Cúbrete de seguridad en ti mismo.
Es el último grito de la moda.

❖

Cuando nos aferramos a nuestras creencias
nos arriesgamos a no ver la realidad,
nada más lo que se ajusta a ellas.

❖

Quien dice:
"Ése es muy dado a la política"
es igual de dado, si no es que más.

❖

La admiración no surge con facilidad.
En vez de fijarte la meta de ser rico
y poderoso apunta más alto:
que se te admire
en tu campo.

❖

Una de las mayores bendiciones en la vida
es conocer a alguien que admiremos.
Esa persona será un faro de esperanza
y nos protegerá del cinismo.

❖

La vida nos lanza a veces una pelota curva
sin razón aparente.
No te desesperes.
No estamos solos, podemos perseverar.
Esto también pasará, como el calor del verano.

❋

Al llegar a los cuarenta piensas:
"¿En esto consiste la vida?
¿Esto es todo lo que hay?".
Esa sensación de tristeza y vacío...
yo la conozco también.

❋

El amor,
no palabras pías,
puede cambiar la vida de la gente.

❋

Tres ideas liberadoras

El día de primavera en que cumplí treinta años, examiné mi mente y me di cuenta de tres cosas. Supe entonces qué debía hacer para ser feliz.

Primero, no le importo a la gente tanto como creo. No recuerdo cómo estaba vestida mi amiga cuando la vi hace una semana, o cómo se había maquillado o peinado; si no recuerdo eso, ¿por qué ella habría de recordar cosas similares de mí? Aunque pensamos en los demás de vez en cuando, es raro que lo hagamos más de un par de minutos. Al terminar, nuestra mente retorna a lo que nos concierne en lo inmediato. ¿Por qué entonces deberíamos dedicar tantas horas de nuestra vida a preocuparnos por cómo nos ven los demás?

Segundo, no todas las personas tienen que apreciarme. Después de todo, yo no las aprecio a todas. Sin duda todos tenemos compañeros de trabajo, clientes, familiares y políticos que no soportamos. ¿Por qué entonces toda la gente tendría que apreciarme? No te atormentes porque no le agradas a alguien.

Acepta esto como una realidad de la vida; no puedes controlar lo que los demás sienten por ti. Si alguien no te aprecia, déjalo con su opinión y sigue adelante.

Tercero, para ser francos, casi todo lo que hacemos por los demás lo hacemos en verdad por nosotros mismos. Rezamos por el bienestar de nuestra familia porque la necesitamos junto a nosotros; derramamos lágrimas cuando nuestra pareja muere a causa de nuestra inminente soledad; nos sacrificamos por nuestros hijos con la esperanza de que crezcan como queremos. A menos que seamos iluminados como Buda o Jesús, es difícil que abandonemos nuestra arraigada obsesión con nosotros mismos.

Deja de preocuparte por lo que piensan los demás y haz lo que tu corazón desea. No llenes tu mente de conjeturas. Simplifica tu vida y admite tus deseos. Sólo si eres feliz podrás ayudar a hacer un mundo feliz.

No permitas que las opiniones de los demás
te determinen.
En vez de preocuparte por lo que ellos piensan
conságrate a tus sueños.

※

Cuando alguien no nos aprecia,
es su problema, no el nuestro.
Nunca les agradaremos a todos.
Esto es un problema sólo si permitimos
que nos moleste.

※

Si nos quejamos de que algo que debemos hacer
es demasiado difícil,
le añadimos otra capa de dificultad.
Respira hondo y hazlo.

※

Anota en una hoja
los lugares que quisieras visitar antes de morir,
las personas a las que esperas conocer,
los conciertos que sabes que disfrutarás,
los encuentros deportivos que ansiarías ver,
los restaurantes que deberías probar.

Cumple después tu lista entera, cosa por cosa.
No es necesario que alguien sepa de ella;
guarda este pequeño secreto.
Hacer algo nada más para ti te hará sentir bien.

᠅

La vida es como el jazz,
principalmente improvisación;
no podemos controlar todas las variables.
Debemos vivirla con garbo y estilo,
nos espere lo que nos espere.

᠅

Podemos amar a nuestros familiares
y pedir por su felicidad,
podemos darles consejos y ayudarles
cuando lo necesiten,
pero no podemos tomar decisiones por ellos
ni hacer que actúen como queremos.
Hay muchas cosas que no podemos controlar
en la vida.
Esto incluye a nuestros seres queridos.

❊

Si aprendes a jugar bien un deporte,
es más fácil que aprendas a jugar otro.
Si dominas una lengua extranjera,
es más fácil que aprendas otra.
Si sabes llevar un negocio,
es más fácil que lleves un segundo o tercero.
No envidies a quienes son buenos
para muchas cosas.
Aprende a ser bueno en una; pronto podrás
serlo también en dos o tres.

❊

Un árbol majestuoso es el primero en ser talado
y usado como leña,
mientras que uno modesto sobrevive.
De igual forma, un verdadero maestro oculta
su virtud y nunca hace alarde de su excelencia.

❖

Sueña en grande pero empieza
por lo más sencillo.
Un pequeño ajuste puede tener
un gran efecto en tu vida.

Por ejemplo, si quieres estar más sano,
comienza por acostarte media hora antes.
Si quieres bajar de peso,
comienza por tomar agua en lugar de refresco.
Si tienes que ejecutar un proyecto importante,
comienza por organizar tu escritorio.

❖

"Ten pensamientos positivos, porque
tus pensamientos se convierten en tus palabras.
Ten palabras positivas, porque tus palabras
se convierten en tu conducta.
Ten una conducta positiva, porque tu conducta
se convierte en tus hábitos.
Ten hábitos positivos, porque tus hábitos
se convierten en tus valores.
Ten valores positivos, porque tus valores
se convierten en tu destino."
—MAHATMA GANDHI*

᛭

Tu mente no puede contener dos pensamientos
al mismo tiempo.
Esto significa que un pensamiento
puede ocupar toda tu mente.
Sea bueno o malo, todo se deriva de un solo
pensamiento.
Si cuidamos ese primer pensamiento,
incluso podemos prevenir tragedias.

᛭

* Taro Gold, *Open Your Mind, Open Your Life: A Book of Eastern Wisdom*, Kansas City, Andrews McMeel, 2002.

Preferimos las palabras correctas a las incorrectas.
Preferimos las palabras honestas a las correctas.
Preferimos los actos reales a las palabras honestas.

Tu forma de hablar suele ser más importante
que lo que dices.
Y las acciones hablan mejor que las palabras.

꽃

El conocimiento quiere hablar.
La sabiduría quiere escuchar.

꽃

Una persona insensata piensa: "Eso ya lo sé";
impide que todo lo nuevo entre en su mente.
Una persona sensata piensa: "No lo sé todo";
se abre a más sabiduría.

꽃

Un individuo ordinario nota cosas particulares
que le agradan o desagradan.
Un individuo sabio nota el todo
y las partes.

꽃

Cuando le cuentas tus problemas a un amigo,
no esperas que los resuelva por ti;
agradeces que esté a tu lado
y dispuesto a escuchar.

Si alguien te cuenta sus problemas,
no te sientas obligado a resolverlos;
escúchalo con sinceridad. Esto es más útil.

❧

Cuando me examino a fondo,
me doy cuenta de lo que quiero realmente
de los demás:
oídos atentos que me escuchen,
palabras amables que reconozcan
mi existencia y mi valor,
ojos gentiles que acepten mis defectos
e inseguridades.

Decido ser así con quienes me rodean.

❧

Un mal conductor frena a menudo.
Un mal conversador también frena a menudo;
interrumpe la charla con sus anécdotas.

❖

Puedes engañar a alguien un momento,
pero es difícil que lo hagas por más que eso.
El tiempo dirá si alguien habló de corazón
o disfrazó las cosas para conseguir lo que quería.
Aun si obtuvo lo que quería con una mentira
momentánea,
que haya mentido permanecerá en él
hasta que muera.

❖

Cuando no hay envidia ni expectativas,
aun la persona más rica y poderosa
es apenas otro ser humano.
Sólo cuando envidiamos lo que tiene
o esperamos algo de ella
nos inconformamos y perdemos la compostura.

❖

Los estafadores nos engatusan con futuras
ganancias e insisten en que todo saldrá bien
si los escuchamos.
Nos prestamos a engaño cuando alguien despierta
nuestra codicia.

⁎⁎

Un negociador astuto le hace creer al otro
que ganará mientras él obtiene todo lo que quiere.
Si el otro se siente halagado y superior
y permite que el astuto se salga con la suya,
éste es el que gana en verdad.

Una ironía cruel:
que el premio para quien trabaja con ahínco
sea más trabajo.

⁎⁎

Si nos apresuramos a hacer un favor,
la gente olvidará pronto su gratitud.
Si lo hacemos con ciertas condiciones,
nos lo agradecerá siempre.

⁎⁎

Capítulo siete

El futuro

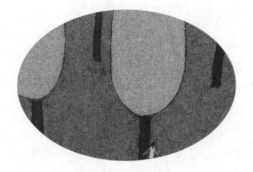

Una palabra de aliento puede cambiar el porvenir

A diferencia del cristianismo, en la tradición budista existen muchos textos sagrados. Algunos son muy filosóficos; otros, historias que contienen importantes lecciones de vida. Mi favorito es el *Sutra del loto*, que consta tanto de enseñanzas filosóficas como de narraciones didácticas. Como cualquier texto sagrado, entre más lo estudio, más me impresiona su profundidad.

Releí el *Sutra del loto* recientemente y un capítulo en particular llamó mi atención: "La profecía de la iluminación para los quinientos discípulos". En él, Buda profetiza la iluminación plena de sus quinientos discípulos, a quienes asegura que se volverán budas después de cierto periodo. Una profecía de iluminación es una garantía de Buda, de cuándo y cómo llegarán sus seguidores a la última etapa de su condición de budas. Esas alentadoras palabras sobre su porvenir fascinan a los quinientos discípulos, quienes juran entregarse por completo a la práctica espiritual. Cada vez que topo con esta profecía de Buda, recuerdo a mi maestra de primaria, la señora Lee, quien pronosticó grandes cosas sobre mi futuro.

A decir de todos, yo era un niño promedio. Tenía una estatura promedio y procedía de una familia de clase media; no era el alumno más brillante, aunque tampoco daba problemas. Recuerdo a la señora Lee como una mujer estricta de unos treinta y cinco años de edad. Su hijo asistía a esa misma escuela; yo lo conocía muy bien porque habíamos sido compañeros de grupo el año anterior. Un día en que yo cruzaba el patio después de clases, él me invitó a jugar a su casa; dijo que sus papás le habían comprado unos juguetes nuevos. Aunque me sentí muy tentado a seguirlo, temí encontrarme con la señora Lee; mi amigo comprendió mi duda y afirmó que su mamá rara vez llegaba a casa antes de las cuatro. Acepté jugar con él sólo si podía marcharme antes de esa hora.

Nos divertimos mucho jugando con los nuevos juguetes de mi amigo. Yo me enfrasqué tanto en eso que me olvidé por completo de la hora hasta que la puerta se abrió y entró mi maestra. Me puse tenso, temeroso de que se me reprendiera por jugar en vez de hacer mi tarea. Para mi sorpresa, la señora

Lee me saludó con una enorme sonrisa; me habló amablemente y me dio un abrazo como si yo fuera su hijo. Cuando me estrechó, me di cuenta de que era una persona buena y cariñosa, pero que no tenía otra opción que parecer estricta en la escuela porque debía mantener el control del grupo. Me dio un refrigerio que sólo le daba a mi amigo en ocasiones especiales y mientras lo comía acarició mi cabeza y me dijo:

—Serás un buen estudiante y un modelo para tus amigos. Confío en que te conviertas en una gran persona que dé sabiduría y felicidad a mucha gente.

Mi joven corazón se conmovió sobremanera. A partir de ese día estudié mucho y traté de ser un modelo para mis compañeros. Puesto que la señora Lee había depositado en mí su confianza, estaba decidido a no defraudarla. Pienso que me he transformado en lo que soy ahora gracias a lo que ella me dijo esa tarde. Sin sus gentiles palabras, yo no habría tenido la seguridad indispensable para destacar académicamente o para convertirme en profesor o líder espiritual.

De acuerdo con el *Sutra del loto*, Buda hace esa profecía a sus discípulos porque posee la capacidad sobrenatural de saber cuándo alcanzarán la última etapa de su condición de budas. Pero no creo que hayan obtenido automáticamente la iluminación por haber recibido esa profecía; esto tuvo mucho que ver con la fe que Buda tenía en ellos, lo cual los motivó a esforzarse más para cumplir lo que su maestro había predicho. Al igual que las palabras de la señora Lee para mí, las palabras de confianza y mirada afectuosa de Buda transformaron la vida de sus quinientos discípulos. Una palabra de aliento, dicha con esperanza y bondad, puede cambiar el futuro de una persona, como lo hizo para los quinientos discípulos y para mí.

Hay quienes dicen no saber
qué quieren en la vida.
Quizás esto se debe a que en lugar de considerar
sus sentimientos
se han conducido según las expectativas
de los demás.
No vivas para satisfacer a otros, sino para cumplir
los deseos de tu corazón.

❊

Mi querido y joven amigo,
no te desanimes
si te atrasas un poco.
La vida no es una carrera de cien metros
contra tus amigos
sino un maratón de toda la vida contra ti.
En vez de empeñarte en aventajar a tus amigos
descubre tu esencia excepcional.

❊

"Haemin Sunim,
espero que sea un maestro
tan grande como el Dalái Lama."
"Gracias por sus buenos deseos.
Admiro mucho a Su Santidad,
pero no quiero ser el Dalái Lama.
Quiero ser Haemin Sunim."

❊

No vayas de acá para allá
como un cardumen
sólo porque eso hacen tus amigos
o porque lo dicen los demás.
Apégate a tus convicciones.
Altera el paradigma imperante
y fija una tendencia diferente.

❊

Hay cosas que me habría gustado
enseñarle a mi hijo
si hubiera tenido uno:
que por famosos, poderosos
o ricos que sean algunos,
no son muy distintos a los demás.

Todos ansiamos lazos firmes
y aceptación incondicional.
Todos tenemos las mismas inseguridades
y necesidad de aprobación.
No hay razón de que nos sintamos inferiores.

✺

Si educas a un hijo, recuerda esto:
es válido que se desempeñe bien en un área
y no tan bien en otras.

Un restaurante especializado
en ciertos platillos es más famoso
que uno con un menú muy extenso.
Ayuda a tu hijo a profundizar en el área
de su interés.

✺

Inteligencia no es sacar puros dieces
y obtener altas calificaciones
en un examen de admisión.
También es ser capaz de empatizar
con los demás
y entender cómo se sienten.

⁂

¿Eres un padre o madre controlador?
¿Prestas demasiada atención a tu hijo?
Si la respuesta es sí,
dirige parte de esa atención a tus padres.
Si eres bueno con ellos,
tu hijo aprenderá a tratarte
en el futuro.

⁂

Desde muy temprana edad,
se induce a algunos niños a competir,
preocuparse de lo que sus padres dirán
y temer el juicio de sus amigos.

Hazles saber a tus hijos que es bueno
que gocen de la vida.
Ayúdales a descubrir en sí mismos talentos
que no pueden medirse.
Respétalos para que sepan qué se siente
ser respetado.

❊

¿Por qué en la preparatoria
no se enseñan las habilidades
esenciales de la vida?

Como:

Cocinar,
llevar un noviazgo,
vigilar tu peso,
ser financieramente responsable,
levantarte después de un revés,
estar atento a tus pensamientos y emociones.

❊

En lugar de forjar un currículum
sólo para conseguir trabajo,
disfruta el proceso de aprender algo nuevo.
No lo hagas nada más por el fin;
disfruta también de los medios.

❧

Aun si tienes otros motivos para ofrecerte
como voluntario,
mientras ayudas y te relacionas con la gente
descubrirás el significado
de la vida y la felicidad.
Por eso es importante ser voluntario,
cualquiera que sea la causa
que te mueva a ello.

❧

Cuando se trata de adquirir una nueva habilidad,
hay dos tipos de personas.
Uno prefiere estudiar primero
la máquina de escribir,
mientras que el otro comienza
por oprimir las teclas.
A uno le gusta dominar primero
la gramática de una lengua extranjera,
mientras que el otro aprende sobre
la marcha y usa el lenguaje corporal si es necesario.

En términos generales, el segundo tipo aprende
más rápido que el primero,
porque no teme cometer errores.

❧

Nunca estamos preparados del todo.
La vida es una aventura en la que aprendemos
y maduramos.
Claro que debemos considerar con cuidado todas
nuestras opciones,
pero si esperamos cien por ciento de certeza
a menudo es demasiado tarde.

❧

Cuando estás a punto de tomar
una decisión importante
hay siempre un momento de vacilación
antes de que firmes en la línea punteada.
No titubees. Has llegado hasta ahí después
de haberlo pensado seriamente.

No mires atrás. Continúa con aplomo tu camino,
como un rinoceronte.

⁕

A veces tendrás que hacer valer tus convicciones,
no puedes complacer a todos.
No te contengas sólo porque
temes que alguien te critique.
Quizá te hagas de algunos enemigos,
pero muchos otros te respetarán por defender
lo que crees.

⁕

No rechaces demasiadas oportunidades. Si insistes
en que necesitas más preparación, tal vez no se te
invite de nuevo cuando te sientas listo. Ya lo estás.
Puedes enfrentar el desafío.

⁕

Di al despertar: "No pasaré este día pasivamente
ni haré lo que los demás digan.
¡Tomaré la iniciativa y forjaré mi destino!"

※

Fija una meta para esta semana.
Hay una gran diferencia entre tener una meta
y no tenerla.
Un gran logro es atribuible a una idea.

※

Aunque tu sueño sea modesto,
no lo guardes para ti; habla de él.
Para el momento en que se lo hayas dicho a diez
personas, es más probable que se vuelva realidad.

※

Intenta estas dos cosas al mismo tiempo:
imagina que ya eres un campeón
y esfuérzate por serlo.
La brecha entre ficción y realidad
se cerrará pronto.

※

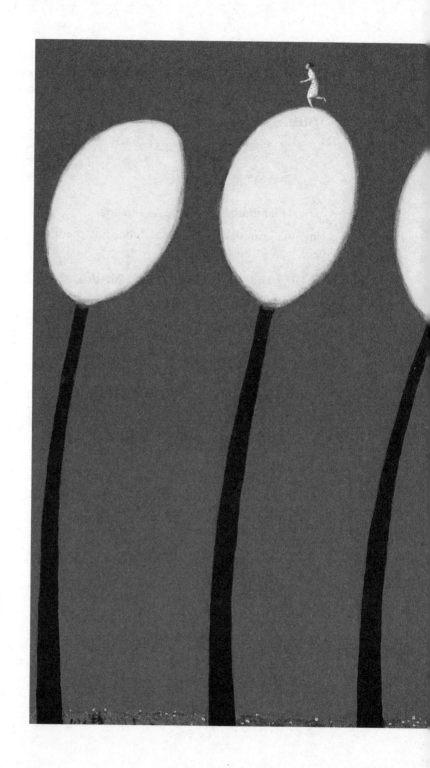

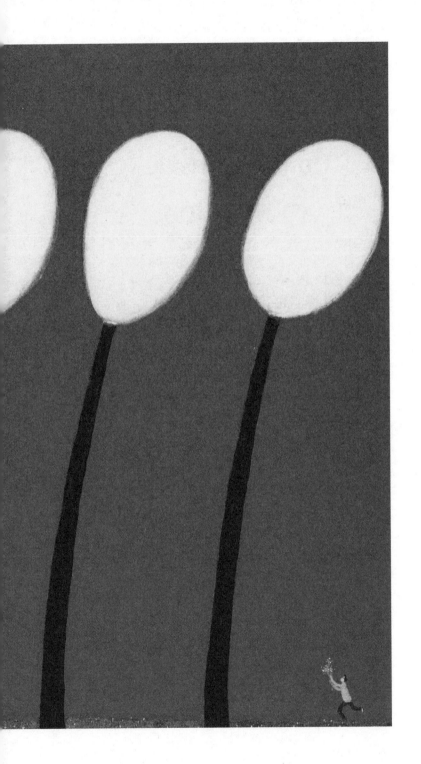

Cuando buscas
tu vocación

No es fácil encontrar nuestra vocación en la vida. Aunque algunos saben qué quieren hacer desde temprana edad, a la mayoría nos lleva muchos años descubrir nuestro camino. Cada vez que me preguntan sobre cómo encontrar la vocación propia doy este consejo.

Primero, una de las razones de que te sea difícil hallar tu vocación es que desconoces qué tipo de empleos existen. ¿Dónde puedes encontrar opciones distintas a las que ya conoces por medio de tus familiares y amigos?

La forma más sencilla de ponerte en contacto con una amplia variedad de experiencias indirectas es la lectura. ¿Has leído sobre ciencias, viajes, moda, arte o política? ¿Acerca de pedagogía, psicología, finanzas, salud, alimentación, música o deportes? Lee lo más que puedas mientras exploras diferentes profesiones. También podrías leer la biografía de alguien que admiras y esperas emular. Los libros ensanchan tus horizontes y te presentan nuevas posibilidades.

Segundo, es difícil encontrar nuestra vocación porque muchos creen, equivocadamente, que les basta con examinarse para descubrir su pasión. Aunque es cierto que poseemos intereses y talentos innatos, es común que no sepamos cuáles son hasta que tenemos experiencias reales. Tener una amplia gama de experiencias puede revelar tu pasión interior.

Prueba varios empleos de medio tiempo, puestos como aprendiz o labores voluntarias.

No temas subirte las mangas y ensuciarte las manos.

Inmerso en la realidad de un trabajo, verás si te acomoda o no.

Una experiencia de trabajo puede brindarte una oportunidad profesional que no habías considerado.

Tercero, es difícil hallar la vocación propia sin suficiente conciencia de ti mismo. ¿Sabes qué ambiente de trabajo te beneficia? ¿Interactuar con la gente te llena de energía? ¿Te desempeñas bien bajo presión? ¿Cuáles son tus fortalezas y debilidades?

Puedes aumentar tu conciencia de ti si interactúas con una extensa variedad de personas en una amplia gama de situaciones. El cultivo de las relaciones hará que desarrolles una comprensión más profunda de ti mismo, lo cual será un espejo que refleje tus fortalezas y debilidades en diversas circunstancias.

No temas conocer gente; conoce a quienes se desempeñan en un campo de tu interés. Un noviazgo es otra buena manera de saber de ti mismo. Descubre qué tipo de gente es compatible con tu personalidad. Estas experiencias te indicarán de qué clase de individuos te gusta rodearte.

Por último, no elijas tu carrera con base en lo que otros pensarán de tu decisión. La verdad es que los demás no piensan mucho en ti. Si crees que algo te gustará, no lo pienses mucho; hazlo. Pese a que no resulte como imaginaste, apreciarás lo que te enseñó.

¡Te deseo la mejor de las suertes!

Mide lo que vales
no con el saldo de tu cuenta bancaria
sino con la frecuencia de tu generosidad.

❀ ❀

La universidad en la que estudiaste
no es decisiva.
Cómo decides vivir después de la universidad
sí lo es.

❀ ❀

"Al contratar a alguien,
me agradan las personas seguras
pero capaces de reconocer sus errores.
Si cumplen este requisito,
no tengo que examinar a otros
porque esas personas son seguras
y no permitirán que su ego
se interponga en el camino."
—AHN CHEOL-SOO,
EMPRENDEDOR SUDCOREANO DE SOFTWARE

❀ ❀

Si buscas trabajo,
ve cuánto tiempo dura la gente en una compañía.
Esto es más importante que las dimensiones
de la empresa o el salario que ofrece.
Es muy revelador que el personal no cese
de marcharse.

***

¿Estás nervioso o hasta aterrado
por tu nuevo empleo?
¿Tienes miedo de decepcionar a tu nuevo jefe?
Haz tu mejor esfuerzo y no te cohíbas.
Aunque tu labor no sea sublime,
tu jefe y tus colegas apreciarán
tu sinceridad y dedicación.

***

Si visitas un centro de trabajo que parece
ser mucho mejor que el tuyo,
no lo envidies; examínalo con cuidado.
Podrías descubrir un inconveniente
que modifique tu primera impresión
y haga que agradezcas tu trabajo actual.

***

Ser un buen jefe implica mucho más
que poseer abundantes conocimientos técnicos.
Es crítico tener integridad
y llevarse bien con los empleados,
ofrecer comentarios y mentoría profesional
oportunos y abogar por lo que el equipo necesita.

A un jefe no debe importarle demasiado
cómo se le percibe; esto es secundario.
Debe concentrarse en los efectos de su trabajo
sobre el personal y los clientes.

Un líder atinado no reúne un equipo
de incondicionales.
Necesita alguien que discrepe de él
para que le haga ver sus puntos débiles.

Un líder inepto practica la microgestión en todo;
su personal hace sólo lo que se le dice.
Un líder hábil sabe delegar
y espera a que sus subordinados asuman
responsabilidades y concluyan
exitosamente una tarea.

※

La dedicación al trabajo no debe medirse
por la hora en que se sale de la oficina
o la frecuencia con que se renuncia
a las vacaciones,
sino por la eficacia de las labores
y las contribuciones que se hacen a la empresa.

※

La gente suele tener expectativas poco realistas
del éxito de su primer libro, álbum o presentación.
Así como no hay efecto sin causa,
el éxito no se deriva sólo de la suerte
sin años de preparación e intenso trabajo.

※

No siempre es bueno que obtengas lo que quieres.
Si todo ocurre como lo deseas,
es fácil que te vuelvas perezoso y arrogante
y que seas incapaz de empatizar con la gente
que tiene dificultades.
Todo apuro que experimentas es quizás
una importante lección de vida.

❋

Un jinete no fustiga a un caballo mientras salta,
sino cuando corre.

Cuando tu maestro te reprenda,
aprende a aceptar eso de buen grado.
Lo hace porque le importas.
Cree que puedes mejorar.

❋

Tu libertad es más relevante que el dinero.
Es mejor vivir como quieres
que ganar más y sufrir restricciones.
No vendas tu libertad.

❋

Si alguien te exhorta a seguir su camino al éxito
pero éste no es el que tu corazón desea,
escucha a tu corazón
antes de que sea demasiado tarde.

※

La afirmación más vaga y menos efectiva:
"Tendré cuanto quiera".

※

A algunos les gustaría que otros tomaran
todas sus decisiones;
de ahí toman la oportunidad los líderes
carismáticos de sectas
para aprovecharse de ellos.

※

Nunca cedas el poder de tomar decisiones
sobre tu vida.
Buda y Jesús existen porque tú existes.
Eres el dueño de tu vida.
Valórate primero.

※

Me hice monje
porque quería conocer el verdadero
significado de la vida,
porque quería descubrir mi verdadera naturaleza,
porque no quería someterme
a las medidas de éxito de los demás,
porque no quería enfrentar la muerte
tras haber luchado toda la vida por dinero y poder.

⁂

Hay sólo una manera de saltar en *bungee*: ¡brincar!
Entre más lo pienses, más difícil será.
Pensar mucho produce ansiedad y duda.
Deja de especular y da un salto de fe.

⁂

Cuando no tienes la necesidad
de quedar bien con alguien,
puedes levantar la frente ante quien sea.
Si has llevado una vida honesta y honorable,
no temas decir la verdad.

⁂

El gran maestro zen coreano Kyeongbong
(1892-1982) dijo una vez:
"Quienes no conocen su Ser Verdadero
viven como los ciegos
y rascan sin querer la pierna de otro.
Si deseas rascar tu propia pierna,
descubre tu Ser Verdadero".

Capítulo ocho

Espiritualidad

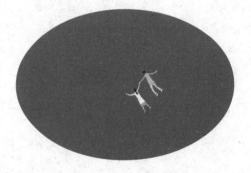

Primos lejanos

No juzguen a otros para que Dios no los juzgue a ustedes.
Pues Dios los juzgará de la misma manera que juzguen
a otros; y con la misma medida con que midan, Dios los
medirá a ustedes.

—Mateo 7: 1-2

Cada vez que leo el pasaje bíblico anterior, recuerdo una filosofía similar de la tradición budista llamada la ley del karma. Como muchos saben, ésta es la ley de causa y efecto, descrita sucintamente en Occidente como "Cosechas lo que siembras" o "Lo que va, viene". Se trata de una maravillosa advertencia que nos insta a examinar las consecuencias de nuestros pensamientos, palabras y conductas. Aunque yo soy budista, muchos pasajes de la Biblia han influido profundamente en mí. La primera vez que estudié en serio la Biblia fue en la universidad, en mi curso de religión comparada. Conocí entonces la historia del cristianismo y analicé varias lecciones bíblicas, a las que abrí pronto mi corazón.

Comprendí que la Verdad no es exclusiva de ninguna religión; posee una cualidad universal que permite que personas de diferentes tradiciones religiosas la reconozcan y respeten.

Hace dos años tuve la singular oportunidad de visitar la aldea rural francesa de Taizé, en el este de Borgoña, junto con otros monjes mayores de mi orden budista. Aquélla es una comunidad ecuménica de monjes cristianos que viven de conformidad con la Biblia. Taizé es una famosa sede de peregrinación cristiana que atrae cada año a más de cien mil jóvenes del mundo entero. Los peregrinos usualmente pasan siete días en esa comunidad al tiempo que participan en sesiones de oración en la mañana, el mediodía y la noche, así como en periodos de reflexión en silencio y conversaciones en pequeños grupos. Yo conocía ya los incitantes cantos de la comunidad de Taizé y ansiaba asistir a su maravillosa ceremonia de oración.

Cuando llegamos a la bella Taizé, los hermanos salieron cordialmente a recibirnos. Ataviados con túnicas blancas, nos ofrecieron sus sonrisas gentiles y su pacífica presencia, casi como si fueran ángeles personificados. Nuestras túnicas de color gris claro eran muy similares a las suyas y fue como si formáramos una gran familia. Los hermanos nos guiaron en un recorrido por su comunidad y para darnos la bienvenida oficial entonaron "Confitemini Domino", uno de los más bellos cánticos que yo haya oído en mi vida. Fuimos invitados a sus habitaciones y a una agradable plática, seguida por las oraciones de mediodía en la iglesia de la Reconciliación. Entre más tiempo pasábamos en Taizé, más veía yo sus semejanzas con la vida monástica budista. Los hermanos dedicaban horas enteras a orar en silencio como un medio para dirigir su atención a Dios en su interior, a semejanza de nuestra práctica de meditación en silencio. Otra similitud fue que portaban un anillo que representaba sus votos a Dios; los monjes de mi orden portamos un pequeño incienso encendido en el brazo izquierdo cuando recibimos nuestros preceptos completos.

Algunos podrían pensar que la vida en una comunidad como ésa es estricta, opresiva y difícil, pero no es así. La vida monástica se caracteriza por su sencilla belleza e inesperada alegría. Los monjes obtienen felicidad de cosas que podrían parecer triviales para quienes persiguen los símbolos materiales del éxito. Ver pasar las estaciones —el florecimiento de las magnolias, el deslumbrante caer del follaje, la primera nevada— procura una dicha y gratitud indescriptibles. Una comida simple preparada con los ingredientes frescos de las montañas circundantes es fuente de gran satisfacción. Gracias a que esos hermanos son nuestros amigos, maestros y familiares, nunca estamos solos.

Para nuestra gran sorpresa, en la comida se nos sirvió kimchi; nos informaron que los hermanos se reunieron días antes para prepararlo. Su hospitalidad nos conmovió tanto que no sabíamos cómo corresponderla. Aunque éramos de una religión y un país diferentes, nos recibieron con consideración y amor. Cuando dejamos Taizé, sentimos que acabábamos de visitar a nuestros primos lejanos; yo supe que atesoraría ese vínculo el resto de mi vida. Aun ahora, cuando veo a uno de los monjes mayores que visitaron Taizé conmigo, ambos recordamos con cariño el kimchi de los hermanos, que comimos con baguettes.

"¿Cómo hemos de tratar a una senda
espiritual distinta?
Nos acercaremos a ella con humildad,
lo mismo que con disposición a aprender.
Si nuestra fe puede cimbrarse
por conocer una tradición diferente,
no vale la pena que la conservemos."
—Reverendo Dr. Kang Won-yong
(1917-2006)

✺

Así como mi fe es preciosa y significativa para mí,
¿la de los demás no será igual para personas
de otros credos?
Así como mi madre es querida
e importante para mí,
¿no le sucederá lo mismo
con su propia madre?

✺

¡Ojalá la gente supiera diferenciar entre
la certeza de su fe y la insensatez
de atacar otras!
Que la fe no se convierta nunca en un arma
ideológica para justificar la violencia.

⁂

Si Jesús, Buda y Confucio vivieran ahora
y se reunieran en un mismo lugar,
¿discutirían quién tiene la razón
o respetarían y admirarían sus respectivas
enseñanzas?
El conflicto religioso no es atribuible a menudo
a los fundadores de religiones
sino a sus fanáticos seguidores.

⁂

"El propósito de la religión es que te controles,
no que critiques a los demás.
¿Cuánto hago yo por contener mi enojo,
apego, odio, orgullo y celos?
Éstas son las cosas que debemos refrenar
en nuestra vida diaria."
—Su Santidad el Dalái Lama

⁂

Si la esencia se olvida, se impone el ritual.
Cuando el ritual domina la práctica espiritual,
las apariencias se vuelven más importantes
que la experiencia interior.
Por ejemplo, si meditas en la esperanza
de la iluminación,
cuánto tiempo y con quién lo hagas
no es tan relevante como
la forma en que tu práctica ha cambiado
tu corazón y tus relaciones.

❊

Según el profesor Kang-Nam Oh,
los creyentes pueden dividirse en dos grupos:
las personas de "fe superficial"
y las de "fe profunda".
Los creyentes superficiales están ligados
por símbolos espirituales
y suelen cuestionar los de otros credos.
Los creyentes profundos comprenden
que los significados son más valiosos
que los símbolos.
Hallan significados similares en los simbolismos
de diversas tradiciones espirituales
y armonía entre ellas.

❊

"Hereje" es un término tendencioso.
Ha sido impuesto contra toda práctica o creencia
que no se ajusta a la creencia espiritual
dominante de una época.
Si llamas hereje a otra senda espiritual,
recuerda que la tuya fue considerada así
cuando empezó.

✣

"Quien conoce una sola religión
no conoce ninguna."
—MAX MÜLLER (1823-1900),
ESPECIALISTA ALEMÁN EN LENGUA,
RELIGIÓN Y MITOLOGÍA COMPARADAS

✣

La ignorancia de otras sendas espirituales
combinada con el temor
puede dar origen a persecución religiosa
y violencia.
Las principales tradiciones de sabiduría
del mundo enseñan
la humildad, el amor y la tolerancia.
Nada malo resultará de conocerlas.

✣

Puedes admirar a un líder espiritual,
pero nunca lo idolatres.
La fe ciega en el líder puede reducirte
fácilmente a ser tratado como un niño;
cederás tu capacidad y pedirás al líder
que haga cosas por ti.
Aunque existen remedios para este mal,
tendrás que tomarlos sin falta alguna.

❖

Un líder espiritual es un dedo que apunta a la luna.
Si el dedo quiere convertirse en luna
cometerá un grave pecado.

❖

Debemos cultivar las tres inteligencias
de nuestra salud íntegra:
la inteligencia crítica, la inteligencia emocional
y la inteligencia espiritual.
Si una se rezaga, retardará el crecimiento
de las otras dos.

❖

Si has desarrollado la inteligencia crítica
pero descuidado la emocional
podrías dejar de ser sensible al sufrimiento
de los demás.
Si has desarrollado la inteligencia emocional
pero descuidado la espiritual,
podrías perder la esperanza después de ver
el sufrimiento del mundo.
Si has desarrollado la inteligencia espiritual
pero descuidado la crítica,
podrías ser víctima del abuso de una secta.

❖

Por ningún motivo te sientas inferior.
Recuerda que Dios te creó a su divina imagen.
Eres el más precioso de sus hijos.
Eres también Buda, pese a que no lo sepas aún.
Tu condición de Buda es igual a la de todos
los demás seres del universo.
No permitas que nadie te haga sentir menos
que eso.

❖

La fe se sobrevalora y la práctica se subestima.
Si enfatizamos la fe sobre la práctica,
la espiritualidad se reduce a una ideología
y provoca conflictos teológicos.
Si, en cambio, nos dedicamos a llevar la doctrina
a la realidad, nos daremos cuenta de que el amor
que Jesús enseñó no se diferencia de la compasión
que enseñó Buda. Si buscas la paz entre diversas
sendas espirituales, predica con el ejemplo.

⁂

Tres versículos bíblicos que atesoro:

"Así pues, hagan con los demás como quieran
que ellos hagan con ustedes; porque esto es lo que
mandan la ley y los escritos de los profetas."
—Mateo 7: 12

"No todos los que me dicen: 'Señor, Señor' entrarán
en el reino de Dios, sino solamente los que hacen
la voluntad de mi Padre celestial."
—Mateo 7: 21

"Les aseguro que todo lo que hicieron por uno
de estos hermanos míos más humildes,
por mí mismo lo hicieron."
—Mateo 25: 40

Dos sendas espirituales en una misma familia

Cuando tu senda espiritual es distinta a la de tu prometido o prometida, cuando tus hermanos intentan convertirte a su nueva fe, cuando tu hijo decide seguir una diferente, puede haber tensión, incomodidad y estrés. Es posible que surjan desacuerdos y discusiones y debas negociar cómo celebrar un sepelio, boda o fiesta religiosa.

Resulta irónico que la espiritualidad pueda ser una fuente de conflicto cuando sus enseñanzas hablan acerca del amor y la reconciliación. A quienes tienen problemas con dos sendas espirituales en una misma familia me gustaría ofrecerles este consejo.

Antes que nada, comprende que lo que hace que te sientas tenso e incómodo no es la espiritualidad, sino la presión de tu familia para ajustarte a sus condiciones. Resentirás su coerción e imposición; sentirás que su sendero espiritual es extraño y poco ortodoxo.

Un buen remedio para una situación como ésta es conocer mejor la otra senda espiritual. Busca un libro de un respetado miembro de esa creencia y estúdialo. Si eres de amplio criterio y estás dispuesto a aprender, hallarás pronto algunos aspectos de esa senda que tienen eco en la tuya. Aunque los símbolos espirituales sean distintos, su significado podría resultarte extrañamente familiar.

También puedes leer una biografía de un gran maestro espiritual de esa tradición, como Mahatma Gandhi, Martin Luther King Jr., la Madre Teresa o el Dalái Lama. Mientras conoces más sobre la vida y credo de esas personas, apreciarás su valor y respetarás su camino. Este cambio de actitud influirá positivamente en la dinámica familiar. Aunque no puedes controlar lo que tus familiares sienten por tu senda, al menos ya no te sentirás molesto con la suya.

Pero si tu familia persiste en su estrecho criterio y no muestra respeto, habla con firmeza y edúcala. Dile que los grandes líderes de su tradición no actuarían de esa manera. Martin Luther King Jr. y Thich Nhat Hanh se respetaron mutuamente; Thomas Merton y el Dalái Lama eran buenos amigos.

Quienes comprenden los significados bajo la superficie e intentan encarnar la humildad y la paz, reconocen la peculiar luz interior que titila en los ojos de los seguidores de otras religiones.

Cuando esto ocurre, se vuelven más humildes y se abren más a los misterios de la encarnación humana al tiempo que perciben la fragilidad del corazón humano.

No recibimos más amor de Dios si lo pedimos;
más bien, descubrimos la verdad de que él
nos ha amado siempre sin condiciones.
No nos convertimos en Buda si nos obstinamos
en ello; más bien, descubrimos la verdad
de que hemos sido budas desde siempre.

·:·

Nuestra plegaria adopta al principio la forma
de "Concédeme esto, concédeme aquello",
se convierte después en "Gracias por todo"
y madura más tarde en "Quiero ser igual que tú".
Al final trasciende el lenguaje
y oramos con todo nuestro ser en medio
de un silencio sagrado.

·:·

Conforme mi oración se profundiza,
oigo más Su voz que mis palabras.
Conforme mi humildad aumenta,
siento más Su amor en mi corazón.
Conforme mi mente se aquieta,
percibo más Su presencia en todo momento.

·:·

A medida que tu fe y práctica espiritual
se ahondan,
se reduce la sensación de un yo o ego aparte
y hay más espacio para que la divinidad
llene tu corazón.
Si has orado principalmente en tu beneficio,
cambia y pide renunciar a una parte
de tu control.

❈

Si rezas así:
"Concédeme esto, lo necesito de verdad",
reza de este modo también:
"Ensancha mi corazón para que contenga
y acepte lo que yo no puedo aceptar".
No negocies con Dios, Buda
o cualquier otro ser divino
para que te dé lo que quieres a cambio
de ofrecimientos materiales.

❈

Cuando no sepas cómo resolver un problema,
dale una oportunidad a la oración.
Al dirigir tu atención a tu interior
y buscar con sinceridad una respuesta,
algo sagrado dentro de ti abrirá la puerta
de tu sabiduría interior.

⁝⁝

Si estás desesperado por conocer
a alguien especial,
lanza tu ruego al universo;
es un casamentero maravilloso.

⁝⁝

Los monjes pueden orar muchos años porque
sus peticiones de felicidad para los demás
los hacen felices.
Mientras me dispongo a oficiar la boda
de mi amigo me lleno de alegría.

⁝⁝

Para los no iluminados,
no todos los días son un buen día,
porque sólo son felices cuando las cosas
ocurren como ellos quieren.
Para los iluminados, cada día es un buen día,
porque saben que nada puede arrebatarles
su sapiencia.

≈

Cuando un no iluminado hace el bien,
quiere dejar huella.
Cuando un iluminado hace el bien
no deja una sola.

≈

Entre más virtuosa es una persona,
es más probable que se describa
como pecadora,
porque no se miente a sí misma.

≈

"Los santos no lo son porque su virtud
los vuelva admirables para otros
sino porque el don de la santidad
les permite admirar a todos."
—THOMAS MERTON*

* * *

Los clérigos y maestros suelen ser locuaces,
y los de edad mayor más todavía.
Espero no convertirme en un parlanchín
a quien no le importa cómo se siente
la persona que tiene enfrente.

* * *

Guardar un secreto ajeno
es muestra de inmensa fuerza espiritual.

* * *

* Thomas Merton, *New Seeds of Contemplation*, Nueva York,
New Directions, 2007.

"Cuando un ministro predica, debe dirigirse
no sólo a la comunidad, sino también a sí mismo."
—REVERENDO HONG JEONG-GIL

❋

Según el cardenal Nicholas Cheong Jin-suk,
"nada prueba el relato bíblico de que un pescado
se haya multiplicado en dos o tres
o hayan caído peces del cielo.
Quizá lo que pasó fue que la gente sacó
su comida y la compartió tras escuchar
la conmovedora oración de Jesús".
Un milagro no es sólo un fenómeno ultraterreno
que trasciende las leyes de la naturaleza.
Abandonar el egocentrismo y abrir el corazón
a los demás es igualmente milagroso.

❋

Hay una forma muy sencilla de probar la veracidad
de las enseñanzas de Buda. Busca la postura más
cómoda; permanece en ella treinta minutos;
pronto será la más incómoda.
Todo es temporal, aun la postura más cómoda
del mundo.

❋

No te fuerces a seguir una senda espiritual;
deja que sus enseñanzas abran gentilmente
tu corazón y te guíen.
Como la sal que se disuelve poco a poco en el agua,
permite que esas enseñanzas
se disuelvan en tu corazón.

Tu rostro original

Cuando estás tan ocupado que te sientes perseguido, cuando las preocupaciones no cesan de dar vueltas en tu cabeza, cuando el futuro parece sombrío e incierto, cuando te sientes lastimado por las palabras de alguien, busca un momento de paz. Pon toda tu conciencia en el presente y respira hondo.

¿Qué oyes? ¿Qué siente tu cuerpo? ¿Cómo luce el cielo?

Sólo cuando estamos en paz podemos ver claramente nuestras relaciones, nuestros pensamientos, nuestro dolor. Cuando estamos en paz, nos los hemos quitado de encima. Podemos apreciarlos tal como son.

Las caras de nuestros familiares y colegas que siempre nos ayudan, el paisaje que recorremos todos los días pero que no notamos, las historias de nuestros amigos a las que no prestamos atención: en la quietud de la pausa, la totalidad de nuestro ser se revela calladamente.

La sabiduría no es algo que debamos empeñarnos en adquirir; surge naturalmente cuando nos serenamos y vemos lo que ya está ahí.

Conforme advertimos más y más en el presente, llegamos a la profunda constatación de que dentro de nosotros reside un observador silencioso. En la quietud primordial, ese observador silencioso lo ve todo, dentro y fuera.

Alíate a tu observador silencioso. Descubre dónde está y qué forma ha adoptado. No trates de imaginarlo como algo que ya conoces. Permite que todos tus pensamientos e imágenes se desvanezcan en el silencio y siente al observador que está ya en ese silencio.

Si ves el rostro de ese observador silencioso, habrás descubierto tu rostro original, el de antes de que nacieras.

Esta obra se imprimió y encuadernó
en el mes de febrero de 2018,
en los talleres de Impregráfica Digital, S.A. de C.V.,
Calle España 385, Col. San Nicolás Tolentino,
C.P. 09850, Iztapalapa, Ciudad de México.